Joscha Remus

Der sanfte Flug der schwarzen Damen

Rumänische Rhapsodien

Joscha Remus

Der sanfte Flug der schwarzen Damen
Rumänische Rhapsodien

Picus Lesereisen

Picus Verlag Wien

Grafische Gestaltung: Dorothea Löcker, Wien
Umschlagabbildung: © José Fuste Raga/zefa/Corbis
Druck und Verarbeitung: Remaprint, Wien
ISBN 978-3-85452-939-2

Informationen über das aktuelle Programm
des Picus Verlags und Veranstaltungen unter
www.picus.at

Inhalt

Der sanfte Flug der schwarzen Damen

Zugreise nach Rumänien im Jahre 1976

Südlich von Klausenburg, das die Rumänen Cluj-Napoca nennen. Hier ganz in der Nähe muss es gewesen sein. Vielleicht an diesem beige-blau verputzten Bahnwärterhäuschen? Irgendwo dort an den Gleisen des Bahndamms zwischen Ocna Mureş und Lobodaş. Auf meiner ersten Rumänienreise, vor dreißig Jahren, standen hier schlanke Zypressen entlang der Alleen, schüttelten sich elegant den Wind aus den Ästen und gaukelten einem vor, man sei im tieferen Süden. Heute, von Kornblumenfeldern und pannonischem Goldlack, blau und gelb durchtränkte Gedanken.

Ein Sommer vor dreißig Jahren. Ich, das erste Mal unterwegs in die Heimat meines Vaters. Eine langsame Annäherung an Rumänien. Damals mit dem Zug, mit Interrail, umständlich über Frankreich, Italien und Jugoslawien, da man bei der Durchfahrt durch Deutschland zusätzlich den halben Streckenpreis bezahlen musste.

An der Grenze bei Moraviţa fragten die rumänischen Zöllner nach Drogen, pornografischen Zeitschriften, alkoholischen Getränken und einigen mir damals unverständlichen Dingen, die, wie mir meine Verwandtschaft in Siebenbürgen später erklärte, die Moral des rumänischen Volkes hätten untergraben können. Einige der Seitenverkleidungen in den Gängen wurden abgeschraubt, Lüftungsschächte nach gefährlicher Literatur durchsucht, wie mir ein Mitreisender hinter vorgehaltener Hand zuflüsterte. Gemeint waren wohl neben den anstößigen Werken eines Vladimir Nabokov oder Henry Miller auch die subversiven Schriften eines Herbert Marcuse, die, so malte ich es mir damals aus, wahrscheinlich zur Befeuerung der sozialistischen Dampfloks benutzt wurden.

Heute reist man in Rumänien im edlen, holzgetäfelten Orientexpress, bekommt den Tee aus original Sherwood-Silberbechern von Kellnern im Samtlivree kredenzt oder rauscht im modernen Intercity-Zug »Blauer Pfeil« dahin und bringt die Landschaft draußen ein wenig zum Fliegen. Damals jedoch waren die Züge, auch die Hauptstreckenzüge, die von Temeschwar nach Klausenburg fuhren, so langsam, dass man an manchen Streckenabschnitten den auf den Feldern arbeitenden Landbewohnern problemlos ein Lächeln schenken oder einen Gruß zuwerfen konnte. Ein Junge mit überdimensioniertem Hut und braun gebranntem Gesicht kam mit langen Schritten von einem Feld herübergelaufen und rannte eine Weile neben dem Zug her. Er rief ein paar Worte zu meinem offenen Abteilfenster herauf.

»Numai bine – nur Gutes wünsch ich dir!«

»Danke, dasselbe wünsch ich dir.«

»Wohin geht die Reise?«

»In die Stadt – nach Cluj-Napoca.«

»Ich würde gerne mitkommen.«

»Wenn du so lange laufen kannst.«

»Leider nicht, letztes Mal kam ich nur bis Boj-Cătun.«

»Schade.«

»Nur Gutes!«

»Nur Gutes!«

Auch andere Jungs versuchten sich auf der Strecke im Wettlauf mit dem Zug, boten Brot an und Käse oder hielten nur bettelnd die gebräunten oder dreckigen Hände hoch.

Im Zugabteil und auf dem Gang war es seit dem Halt im letzten Ort zunehmend eng geworden. Bäuerinnen hatten sich mit ihren Käfigen aus Weidengeflecht und den sich darin erstaunlich ruhig verhaltenden Hühnern auf den Holzbänken ausgebreitet. Ein winzig kleines Schweinchen, das eben noch auf dem Schoß einer vielfach bunt berockten Frau friedlich geschlummert hatte, war plötzlich entwischt und versuchte sich grunzend im Slalom zwischen den Beinen des Schaffners und der Mitreisenden. Niemand schien sich an dem Hühnerkot im Gang, dem Blöken der Schafe aus dem Nachbarwaggon oder den überall herumliegenden Federn zu stören.

Am Rande des Gedränges, direkt an der Waggontür, stand ein verliebtes Pärchen. Er in schicker, tadellos gebügelter Militäruniform, sie, höchstens siebzehn Jahre alt, mit dicken schwarzen Zöpfen, im langen weißen Kleid und bunter Bluse. Einer der beiden musste wohl an der nächsten Station aussteigen, wie man an ihren traurigen Blicken und den sehnsuchtsvollen Gesten erahnen konnte.

Die Uniform des jungen Mannes löste damals, wie übrigens heute noch, eine ganze Flut von Bildern in mir aus, da im Rumänien der siebziger und achtziger Jahre an jeder Straßenecke Militär zu sehen war. So auch auf dem Heiratsmarkt am Muntele Găina, dem Berg des Huhns, an dem sich die jungen Männer und Mädchen zum ersten Mal beäugen konnten und die Uniformierten mit ernsten Gesichtern durch die Menge der Heiratswilligen schritten, so als müssten sie über Sitte und Anstand wachen. Auch an jenen Strandabschnitten am Schwarzen Meer, an denen das Nacktbaden in einem abgetrennten Bereich hinter einer hohen Stellwand erlaubt war, sah man Uniformen. Diese keusch »Solarium« genannten Nudistenbezirke waren in Wirklichkeit von der Geheimpolizei Securitate bewachte Sonderwirtschaftszonen, in denen fliegende Händler aus der DDR oder aus Polen Jeans, Pullover oder allerlei kunterbunten Schnickschnack verkauften, den niemand wirklich bestellt hatte, damals in Rumänien aber trotzdem jeder haben wollte. Den uniformierten Popo-Wächtern, wie sie im Volksmund spöttisch genannt wurden, steckte man hier und dort ein paar Kent-Zigaretten oder ein kunstvoll verknotetes Bündelchen Leu zu. Bakschisch jeglicher Art konnte einen zu jener Zeit schnell zu einem guten Bekannten der Sicherheitspolizei machen.

Die hohe Trennwand, hinter der der Kleinhandel stattfand, reichte ein wenig ins Meer hinein, sodass es nur einer Handvoll neugieriger Kinder gelang, einen Blick auf die nackte Wirtschaftswahrheit zu erhaschen. Was sie sahen, war meist eine Wagenburg rosig glänzender, sich über die Westware beugender Hinterteile. Wurden die Kinder beim Kiebitzen in der Freihandelszone erwischt, so hatten die lautstarken, meist halbseitig mit Orden behangenen Uniformträger im weichen Sand gegen die flinken Kinderbeine keine Chance und stolperten nicht selten über herumliegende Schuhe oder Kleidungsstücke.

Während ich damals im Zug so meinen Gedanken nachhing, hatte sich das verliebte Pärchen bereits voneinander gelöst. Der junge Soldat sprang in einem winzigen Ort vom langsam dahinruckelnden Waggon und verschwand mit einem großen Leinensack zwischen den Büschen. Sein Mädchen winkte ihm kurz, schien jedoch nach seinem Ausstieg erstaunlich gefasst, kam mit gezielten Schritten direkt auf mich zu, baute sich vor mir auf und sagte:

»Du hast uns beobachtet. Kommst wohl nicht von hier?«

Da mir nicht bewusst war, wie lange und sehnsuchtsvoll ich die beiden wohl angestarrt haben mochte, sagte ich erst einmal nichts und dann nach einer Weile:

»Aus Deutschland.«

»Hat dir gefallen, wie wir uns geküsst haben?«

Verlegen schaute ich auf die dicht gedrängt sitzenden Bäuerinnen, die mir in diesem Moment recht gewaltig erschienen. Vor allem ihre Ohren. Wieso nur hatten rumänische Bäuerinnen so riesige Ohren?

»Schon ...«, sagte ich, »... sah schön aus.«

»Willst du auch?«

»Was?«

Der Schalk lachte aus ihren Augen.

»Schöne lange Haare hast du, haben alle deutschen Jungs so lange Haare?« Dann ohne Komma, ohne Pause: »Komm mit, ich zeige dir, wie die Witwen fliegen.«

Das Zopfmädchen, dessen Namen ich noch nicht einmal kannte, ergriff meine Hand und zog mich zwischen den dicht stehenden Gangbewohnern, den Gänsen, Schweinchen und Hühnern hindurch zur Tür, an der sie eben noch mit ihrem Liebsten gestanden hatte.

»Gleich fliegen sie wieder«, sagte sie und hielt sich kichernd die Hand vor den Mund.

Der Zug wurde etwas langsamer, wie ich es bereits zuvor auf der Durchfahrt durch andere Dörfer bemerkt hatte. Einige der Passagiere mussten in den siebenbürgischen Gemeinden während der Fahrt einfach abgesprungen sein, denn ich erkannte etliche Gesichter, die mich eben noch vom Gang her angelächelt oder skeptisch im Abteil beäugt hatten, nun draußen auf den staubigen Feldwegen wieder.

Der Zug war wirklich langsam. Man konnte mit den flinksten, der draußen nebenher laufenden Jungs einige Worte wechseln, Bäuerinnen und Hirten ein Lächeln schenken und, wenn man denn wollte, einfach ab- oder aufspringen im Rumänien der siebziger Jahre.

Doch die ganz in Schwarz gekleideten Frauen, die mit ihren Kopftüchern unweit der offenen Waggontür warteten, sahen nicht wie todesmutige Bahnsteig-Springerinnen aus. Sie kauerten sich mit ihren vielen Körben mitten im Sommer aneinander wie eine Herde frierender schwarzer Schäfchen.

Als der Zug ins nächste Dorf einfuhr, erschien ganz langsam im Ausschnitt der Waggontür auf dem Bahnsteig eine lärmende Menschenmenge. Einige schienen zum Sprung auf die Trittbretter bereit, andere standen nur da und streckten ihre Hände in die Höhe.

Ein schlanker Mann mit Kappe war flugs und behände auf den Zug geklettert, schnappte sich beherzt eine der wartenden schwarzen Damen und schubste sie zum Zug hinaus. Ein kurzer, fast lustvoller Schrei und schon wurde sie draußen von einer Vielzahl von Männerhänden in Empfang genommen, wie ein fliegendes Paket mit zerbrechlicher Ware. Gleich darauf flog eine zweite Frau durch die Luft und die Zugtür. Leichter als die erste, flog sie in etwas höherem Bogen und landete elegant in den Händen der raunenden Männer, die ihr galant auch gleich den Staub aus dem Kleid wischten. Ich hielt mich am Seitengriff fest und beugte mich nach vorn, um noch einen Blick auf die seltsame Menschenmenge zu werfen, die ganz langsam gegen Zugende hin verschwand.

»Professionelle Fänger«, sagte meine neue Zugbegleiterin, die sich inzwischen als Alina vorgestellt hatte.

»Manche von ihnen fangen die Witwen bereits für drei Zigaretten auf. Andere nehmen die Sendung nur in Empfang, wenn sie dafür Wurst oder Käse erhalten. Doch ţuica oder palinca (Pflaumenschnaps) sollte man ihnen fürs Fangen nicht geben. Die Trinker haben als Fänger einen schlechten Ruf im Dorf. Bei denen landet schon mal eine der Damen auf ihrem Allerwertesten oder bricht sich gar die Knochen.«

»Aber warum Fänger – wieso hält der Zug nicht einfach an? Er fährt doch ohnehin schon so langsam.«

»Manche der Fänger geben dem Lokführer Bakschisch, damit er schön langsam fährt und sie die Frauen gut erwischen, aber halten soll der Zug nicht. Dann hätten die Fänger aus dem Dorf ja keinen Verdienst mehr und auch nichts zu essen.«

»Und die Witwen, warum geben die dem Lokführer nichts, damit er den Zug anhält?«

Alina lachte mich an: »Aber verstehst du denn gar nichts? Wollen die Frauen in den Zügen bei euch in Deutschland denn nicht gefangen werden? Manche von denen sind monatelang nicht geworfen worden und sehnen sich nach den Männerfingern. So sagt es jedenfalls meine Mutter.«

Auf der weiteren Fahrt unterhielt ich mich mit Alina, wollte mehr wissen über ihr eigenartiges Land und sie spielte mit meinem Haar.

Noch vor Cluj küsste sie mich. Ich fühlte mich verlegen, musste an ihren Soldaten denken. Tausend Dinge flogen durch meinen Kopf. Aber ich hatte nichts gegen die Küsse, im Gegenteil. Dann schrieb sie mir ihren vollen Namen und ihre Adresse auf einen Zettel und sagte, ich solle sie besuchen kommen in ihrem Dorf. Sie könne mich in einer Scheune verstecken oder ich könne mit ihr in einer *cabana*, einer kleinen Holzhütte, in den Bergen leben.

Dann sprang Alina aus dem Zug. Fliegende Zöpfe mit weißen Schleifen. Keine Hände, die sie fangen mussten. Hunderte Male war Alina wohl schon so aus dem fahrenden Zug gesprungen. Geschickt machte sie das. Vielleicht war sie ja auch Kunstturnerin, wie so viele rumänische Mädchen in den siebziger Jahren.

Nach meiner Ankunft in Cluj-Napoca mussten mich meine Verwandten verstecken. Das Oberhaupt der Familie arbeitete beim Militär und war im fernen Bukarest stationiert. Die Securitate durfte auf keinen Fall wissen, dass Westbesuch in seinem Haus war.

Schon drei Tage später fuhr ich weiter über Bulgarien nach Griechenland. Den Zettel mit Alinas Adresse hatte ich kurz vor der Grenze klein gefaltet in meinen Schuh, in den Strumpf gesteckt. Unterbrochen von mehreren Zollkontrollen durchschlief ich Bulgarien und Nordgriechenland, träumte von fliegenden Frauen, rennenden Schweinchen und von den schwarzen Zöpfen Alinas. Erst in Athen fiel mir der Zettel mit der Adresse wieder ein, den ich aus Angst vor den Zöllnern immer noch im Schuh trug.

Als ich ihn herauskramen wollte, hatte er sich in winzige, dreckige Kügelchen verwandelt. Absolut unmöglich, noch etwas lesen zu können. Auch heute noch, nach über dreißig Jahren, denke ich an Alina. In meiner Fantasie lässt sie sich aus Zügen schubsen und von geschickten Männerhänden auffangen. In der Realität halten die Bummelzüge inzwischen in jedem Ort. Fänger gibt es keine mehr.

Mocănița – Die fauchende Schönheit

Eine Fahrt mit der Wassertalbahn nahe der ukrainischen Grenze

Wie kann man nach einem vierzehnstündigen Arbeitstag ein solches Lächeln im Gesicht tragen? »Komm mit, dann weißt du es«, sagt Vasile Bărsan, der seit über zwanzig Jahren als Lokomotivheizer, seit Neuestem auch als Mechaniker, auf der Bahnstrecke durchs Wassertal arbeitet. Sein Kollege Loici Ivanciuc, dessen Lächeln ebenfalls quer über das ganze Gesicht reicht, ist Dampflokführer und macht diesen Knochenjob bereits seit über vierzig Jahren. »Knochenjob? … ach geh. Ich würde diese Arbeit auch unbezahlt machen. Es ist das Schönste, was es gibt. Sterben werde ich in der Lokomotive. So viel steht fest.«

Loici Ivanciuc, den alle in Vişeu de Sus nur Onkel Loici, also Loici Batschi nennen, spricht ein wunderbar verwurltes Zipser Deutsch, durchsetzt mit einigen rumänischen Brocken. Sein Vater war noch Flößer, musste die schweren, mit der Handsäge gefällten Baumstämme aus dem ukrainischen Grenzland auf dem Fluss Vaser hinunter ins Tal flößen. Er hat den Sohn immer wieder vor der halsbrecherischen Arbeit mit den schweren, nassen Baumstämmen gewarnt. Denn um das Flößen zu erleichtern, hat man damals sogenannte »Klausen« errichtet, kleine Stauwehre, deren Flutwellen die Baumstämme über Rutschen talwärts schwemmten. Eine lebensgefährliche Arbeit und Vater und Sohn waren überglücklich, als endlich die Waldbahn kam. »Bis hinunter nach Oberwischau in die Sägewerke, aber auch zur Theiss und zur fernen Donau ist der Vater damals geflößt. Ab 1932 gab es dann keine Flößer mehr. Da kam uns glücklicherweise unsere kleine Bahn Mocăniţa zur Hilfe.«

Mocăniţa, die weltweit einzige dampfbetriebene Waldbahn im Dauereinsatz, erschließt heute an der rumänisch-ukrainischen Grenze ein riesiges Waldgebiet auf einer Länge von knapp sechzig Kilometern. Hier im nördlichsten Winkel des Maramuresch gibt es keine Straßen, keine Dörfer und auch keine Hotels, jedoch noch jede Menge Wölfe und Bären. Neben dem Donaudelta und dem Apuseni-Gebirge gilt dieser Teil Rumäniens immer noch als weitgehend unentdecktes Naturparadies. Doch die Touristen kommen nicht allein wegen der Natur, sie wollen die Waldbahn sehen. Die fauchende Schönheit Mocăniţa.

An diesem Morgen um sechs stehen bereits die ersten Waldarbeiter im Blaumann auf den Gleisen, die Motorsäge im festen Griff. Ihre Lokomotive am Bahnhof von Oberwischau, Vişeu de Sus, ist zur Abfahrt bereit. Einige Manöver mit der Dampflok 764.421. Holz zum Beheizen des Ofens wird aufgeladen. Dann werden über zwanzig Loren zum späteren Transport der Baumstämme angehängt und die lange eiserne Raupe setzt sich ruckelnd und quietschend in Bewegung. Gekonnt springen einige zu spät gekommene Arbeiter auf die Waggons. Mit Gemüseaufstrich, *zacuscă*, und Schinken belegte Brote werden von ihren Frauen noch schnell hinaufgereicht. Der Mechaniker Vasile Bărsan schickt ein paar Pfeiftöne in den Himmel, als es an seinem Haus vorbeigeht. Mit sanftem Stampfen und Schnauben verabschiedet sich die erste Waldbahn an diesem Morgen hinauf in die Berge.

Loici Batschi lenkt die Elveţia, den Zug, der eine Stunde später abfährt. Frisch im Werk in Cluj-Napoca instand gesetzt, wird sie an diesem herrlich klaren Herbsttag zwanzig Eisenbahnfans hinauf in die Waldarbeitersiedlung Făina bringen. Vor Abfahrt des Zuges bespricht sich die Mannschaft auf dem Bahnhofsgelände mit Michael Schneeberger, einem Schweizer, der sich für den Erhalt der Waldbahn engagiert. Das große, gelbe Bahnhofstor wird geschlossen. Die nachfolgenden Rangiermanöver sind etwas für Rechenmeister und Pfeifkünstler. Eine kurzes »Gespräch« zwischen den Dampfpfeifen der Lokomotive und der Trillerpfeife des Zugführers beginnt. Loici, der Zugführer, versucht mir die Pfeifsprache näherzubringen. Doch ich verstehe kein Wort. Später erschließe ich mir deren Sinn ein wenig durch Hinhören und Beobachten. Langes Pfeifen scheint »langsam fahren« zu bedeuten, zwei kurze Pfiffe und die Bahn setzt sich rückwärts in Bewegung. Drei schnelle Pfiffe und die Lok bleibt stehen. Bahnarbeiter sollten gute Ohren haben.

Einige Männer schütten Sand in den Sandstreuer der Lok, der diese Füllung später wohldosiert auf die Gleise verteilt. Während der Kessel weiter angeheizt wird, verlassen bereits kleine weiße Wölkchen schmauchend den Schlot und treiben etwas verirrt auf dem Bahnhofsgelände umher. Im Depot auf den Nebengleisen stehen die Lokomotiven Măriuţa und Cozia-1 ein wenig verloren herum. Auch die Passagiere scheinen anfangs unentschlossen. Einsteigen oder noch schnell raus zum Fotoshooting. Plötzlich ruckelt die Elvet¸ia stampfend los. Nun heißt es aufspringen oder Hände reichen und hochziehen.

Es ist acht Uhr dreißig morgens. Ich ziehe mich hoch in den Führerstand der Lok, in dem Loici und der Heizer Vasile Timiş bereits warten. Heißes, dunkles, lautes Leben auf engstem Raum. Ich finde ein Plätzchen hinter Loicis breitem Kreuz. Der grinst immer noch vor sich hin. Hier im Führerhaus muss man schreien, Vasile feuert ständig nach, stochert mit dem Langeisen die Holzbohlen im Ofen klein. Hinter der Lok die kleine Waggonette mit dem geschnittenen Holz, aus der heraus ein Heizerlehrling Brennholz auf die Zwischenablage stapelt.

Dort findet man neben dem Holz auch ein wenig Kohle. Doch viel zu ziehen hat die Elveţia heute nicht. Kohle wird nur bei schwierigeren Aufgaben benötigt, das heißt, wenn die Steigungen kommen. Noch steigt das Gelände nur leicht an. Noch ist der Dampf weiß. Alle paar Minuten werden die heißen Kesseltüren aufgerissen, wird Holz nachgelegt. Beißender Rauch tritt in die Augen. Ein paar Funken stieben durchs dunkle, enge Führerhaus.

Auf dem Abstellgleis neben uns steht ein deutscher Polizeibus in klassischem Grün-Weiß. Bei genauerem Hinsehen handelt es sich um eine Draisine, ein umgebautes Schienenhilfsfahrzeug, das sich nur der äußeren Hülle eines Polizeiwagens bedient. Vor uns auf den Gleisen fährt ebenfalls eine Draisine, die an ein zerbeultes Schlachtross erinnert. Darin einige rumänische Soldaten, die sich zum Dienst beim Grenzposten in Comanu, am hintersten Ende des Tals, fahren lassen.

Wir kommen an den letzten Häusern von Oberwischau vorbei und halten noch einmal an einem *Magazin Mixt*, einem besseren Kiosk. Hier decken sich die Arbeiter, die verschlafen haben, und die anderen Reisenden mit dem Nötigsten ein. Schnaps, Speck, Brot und Zigaretten. Mitzi, die Verkäuferin möchte frühmorgens nicht fotografiert werden, besser gesagt, ihr Mann will das nicht. Er könne sich nicht vorstellen, dass seine Mitzi im Morgenmantel tausendfach reproduziert auf den Fotos der Touristen erscheint. Man solle bei der Rückreise noch einmal nachfragen, da habe er voraussichtlich bessere Laune, »... weil schon einen intus«, ergänzt ein Bahnarbeiter mit schiefer Mütze.

Nach diesem Zwischenstopp tauchen am anderen Ufer die ersten Heuschober auf. Eine Hängebrücke liegt verwegen schräg vor einer gelbroten Herbstkulisse. Im Führerhaus herrscht Hochbetrieb. Ich schaue vor mir auf das Manometer, das den Kesseldruck anzeigt. Überall urtümliche, ölige Hebel. Aschenreste fliegen durch die Luft. Der Heizer Vasile schwitzt, schnauft und stöhnt. Irgendwie hat die Dampflokomotive, die alle hier nur liebevoll Mocăniţa nennen, auch klanglich auf ihn abgefärbt.

Loici hat eine kräftige Stimme und die braucht er auch. Sein Zipserisch klingt alpenländisch und passt wunderbar in die Bergwelt des Maramuresch, die in diesem Herbst in einen besonders bunten Farbtopf gefallen ist. Früher hörte man in Oberwischau übrigens neben Zipserisch vor allem Jiddisch, denn der Ort war ein jiddisches Schtetl, in dem Deutsche, Ungarn, Rumänen, Juden und Ukrainer friedlich zusammenlebten. Bis der Zweite Weltkrieg kam …

Ein Lokführer der Waldbahn sei ja immer auch ein Musikant, grinst Loici und zieht die Pfeifen, die schrill von den nahen Bergen widerhallen.

Draußen liegen überall Baumstämme herum. Ab und an verirrt sich eine Kuh auf die Gleise. Im Führerhaus kullern die Kohlen zwischen die Füße, denn es ist nicht einfach, das Schaufeln bei der Wackelei zu koordinieren. Loici sagt: »Hier habe ich alles, was ich brauche, die Natur, die Musik, die Lok. Selbst nachts träume ich von ihrem Pfeifen.« Und was geschieht, wenn er krank wird? »Dann lasse ich mir bei der Auffahrt die Nase von einigen Tannenzweigen kitzeln, das heilt.«

Wir kommen nach Priboaia. Beim Forellenzuchtbetrieb säuft die Lok ein wenig. Dreitausendfünfhundert Liter Wasser, um genau zu sein.

Dann bläst sie wieder weiße Wolkenfetzen in den strahlend blauen Herbsthimmel. Entlang der Gleise sieht man Schäfer, die jetzt ins Tal hinunterziehen. Unglaubliche Farbenpracht. Blutrot gefärbte Bäume. Immer wieder kommt man an den kunstvoll errichteten Diemen vorbei, Heuhaufen, die aussehen wie durchstoßene Hüte.

Das Entgleisen des Zuges ist zwar keine Seltenheit, heute jedoch sind keine Abenteuer zu erwarten. Vor einigen Jahren haben ein paar Baumstämme, die über Rutschen einen Hang hinunterschossen, die Gleise aufgerissen. Eine Lokomotive stürzte sechs Meter hinab in den Fluss. Zwanzig Männer brauchten damals drei Tage, um mit Hilfe von Seilwinden die tonnenschwere Lok wieder auf die Schienen zu hieven.

Alles an der Wassertalbahn ist so authentisch wie eh und je. Sowohl die Güter- und Personenwagen als auch die Drehschemelwagen werden noch immer von Hand gebremst. Gelbliche Petroleumleuchten, wie vor der Erfindung des elektrischen Lichts. Alles soll so bleiben wie in der guten alten Dampflokzeit. Auch wenn die Arbeit mit den einfachen Waggonkupplungen aus Bolzen und Ösen nicht gerade einfach ist.

Besonders hart ist die Arbeit der Bremser, im Winter, draußen auf den glitschigen Trittbrettern. Bei Temperaturen von minus zwanzig Grad sind sie über die kleinen Kanonenöfchen froh, die ein wenig Wärme abstrahlen.

Beim nächsten Halt steige ich zu den Passagieren in den Waggon. Deutsche, Österreicher,

Rumänen, Ungarn und zwei Familien aus Israel. Marcel, Thomas, Horst und Ilona halten immer noch etwas ungläubig die kleinen Pappfahrkarten in der Hand, die sie an Bahnfahrten in ihrer Kindheit erinnern.

Oben in Feinen treffe ich Vasile Bărsan wieder, den freundlichen Heizer und Mechaniker. Routinemäßig wirft er einen kurzen Blick auf die Antriebsachsen, kontrolliert das Öl, das Manometer. Er kennt jede Schraube der Lok und es ist schon erstaunlich, wie schnell er und sein Team eine entgleiste Lok mit einer *vincii*, einer Winsch, wieder in die Spur zurückbringen.

Im Wassertal kann man sich ein Leben ohne Mocăniţa, die fauchende Schönheit, heute nicht mehr vorstellen. Die Menschen in den tiefen Karpatenwäldern leben hier seit Generationen vom Holzschlag und -transport. Doch die Existenz der Schmalspurbahn ist bedroht. Ihr Betrieb ist aufwendig und teuer. Überschwemmungen, weggespülte Trassen, Gleisbrüche und die Reparaturen an den altertümlichen Kolossen machen den Betreibern schwer zu schaffen. Immer wieder wurden Teilstrecken stillgelegt. Immer wieder hat die Bahn mit Entgleisungen, festgefressenen Lagern, leckenden Kesseln, Tieren oder Bäumen auf der Strecke zu kämpfen.

Sorgen solle man sich um die Mocăniţa keine machen, sagt Lokomotivführer Loici Batschi als nach drei Stunden Fahrt der Bahnhof von Oberwischau, die Endstation unserer Reise, in Sicht kommt und beißt krachend in einen Apfel. Die alten Waldfrauen in den oberen Wäldern hätten immer eine Lösung parat. Seit Jahren schon beschäftige er sich mit den alten Sagen des Wassertals. »Dort oben, in den Wäldern ...«, so Loici, »... dort oben gibt es wirklich Geister, die uns und der Lokomotive wohlgesonnen sind.« Schöne rothaarige Feen gebe es übrigens auch. »Und die sind es auch, weswegen du immer so grinst«, sagt sein Heizer Vasile. »Ja, kann schon sein«, sagt Loici strahlend, »aber meiner Lokomotive werde ich deswegen nicht untreu werden, keine Angst.«

Bukarester Puzzlestücke

Momentaufnahmen aus einer theatralischen Stadt

Bukarest ist nicht einfach. Ein Puzzlespiel an Eindrücken, die nicht zusammenpassen wollen. Eine merkwürdig umständliche, eine komplizierte, eine theatralische Stadt. Wenn ich so schriebe, wie diese Stadt sich dem Besucher darstellt, würde ich nicht sagen: »Ich rieb mir die Augen.« Nein, ich würde sagen: »Ich zog meinen Daumen und Zeigefinger der rechten Hand zur Nasenwurzel herauf, um diese in die Augenwinkel und zurück fahren zu lassen.« So umständlich, so affektiert ist Bukarest.

Die erste theatralische Notfall-Performance sah ich kurz nach der Revolution im Jahre 1991. Einige Tage vor Weihnachten fiel ein Teenager in einem Trolleybus genau zwischen den Fahrgästen zu Boden und begann sich dort zitternd und in stakkatohaften spastischen Attacken zu krümmen. Einige Männer wollten ihm wieder auf die Beine helfen, andere winkten mürrisch ab. Man kenne ihn schon, diesen Herrn Schauspieler. Solle er doch seine Vorstellung bitte nächstens in einem anderen Wagen vollführen und die Fahrgäste nicht zum Narren halten. Hier jedenfalls erhalte er keinen einzigen Leu. Eine Dame begann mit einer Rentnerin zu tuscheln. Als sie diese gespielten epileptischen Anfälle das erste Mal gesehen habe, habe der Bettler sogar etwas Schaum vor dem Mund gehabt. Das habe richtig überzeugend gewirkt, nicht wie bei diesem Anfänger dort auf dem Boden. Später habe sie dann erfahren, dass es kleine Kapseln gebe, auf die man nur zu beißen brauche, um echten Schaum vorzutäuschen.

Der junge Epileptiker versuchte damals noch vergeblich mit einem kleinen Joghurtbecher einige Münzen von den Gästen am anderen Ende des Waggons einzusammeln. »Geh auf die Theaterschule«, rief man ihm lachend nach, als er mit einem geschickten Satz hinaus in den Schneeregen sprang. Damals wie heute ist die theatralische Inszenierung für einige Menschen in Bukarest offenbar lebensnotwendig.

Ich habe eine Verabredung im Restaurant Caru cu Bere und bin mit dem Taxi im Norden der Stadt unterwegs. An einer Ampelanlage am Herestrău-Park dreht ein Rollstuhlfahrer geschickte Pirouetten. Da er die Drehungen als beidseitig Beinamputierter unangeschnallt vollführt, sieht seine kurze Rolli-Performance ziemlich gefährlich aus. Manche Autofahrer strecken ihm lächelnd, andere mit müdem Blick Geldscheine entgegen. Sie tun dies auch, weil der Gesichtsausdruck des jungen Mannes die Schwierigkeitsgrade seiner Darbietungen exakt widerspiegelt. Er muss sich beeilen, hat die Länge der Rotphase voll verinnerlicht. Noch bevor die Wagen wieder anfahren, treibt er, wie ein Besessener, mit seinen fliegenden Händen die Räder voran, um vorne an der

Ampel genügend Zuschauer vor sich zu haben und die Autokolonne anschließend erneut abrollen zu können.

Mein Taxifahrer rauscht durch die Stadt, kurvt in gewagten Manövern über markierungslose Straßen. Jedes Mal, wenn er an einer Kirche vorbeikommt oder nur ein Heiligenbild erahnt, schlägt er mit der Zunge das Kreuz im Mund, da er im halsbrecherischen Verkehr seine Hände nicht vom Steuer nehmen möchte. Auch einige Fußgänger sehe ich draußen das Kreuzzeichen schlagen, wenn ein Gotteshaus in ihr Gesichtsfeld rückt. Für die Frommen und Frömmelnden Rumäniens ist dies ein früh eingeübtes Ritual. Natürlich vollführt die Zunge des Taxifahrers das Kreuzzeichen nicht in westchristlicher, sondern in ostchristlicher, also orthodoxer, Manier. Er beschreibt es mir genau.

Die Zungenspitze zuerst hinauf zum Gaumen führen, den die Rumänen übrigens sehr poetisch »Himmel des Mundes« nennen, dann die Zunge rückwärts einrollen und hinunter zum Zungensegel tippen, linke Innenbacke, rechte Innenbacke und fertig ist das Kreuz im Mund. Der Bukarester Taxifahrer sagt, seine Zunge habe inzwischen ein religiöses Eigenleben entwickelt und fahre an bestimmten Stellen der Stadt nun wie von selbst zum Kreuzzeichen in die Winkel seines Mundes, um ihn so an das zu erinnern, was er sonst in der Hektik des Berufsverkehrs vielleicht vergäße. Diese verborgene Art der Frömmigkeit hätten sich viele Rumänen zu Zeiten des Kommunismus angeeignet, da das öffentliche Zeigen von Religiosität meist zu Repressalien oder Benachteiligungen führte. Das geschlagene Mundkreuz erweise sich nun, im postkommunistischen modernen Rumänien, so der Taxifahrer, als eine wunderbare, sehr praktische Errungenschaft, die ihm im hektischen Taxialltagsbetrieb sehr entgegenkomme.

Bukarest kann kompliziert sein.

Kaum eine Viertelstunde nach der Taxifahrt. Ein abendlicher Stromausfall im traditionsreichen, frisch restaurierten Restaurant Caru cu Bere in der Strada Stavropoleos. Ganz plötzlich und unerwartet alles schwarz. Man sieht die Gabel vor dem eigenen Mund nicht mehr. Die Kellner huschen als dunkle, nur zu erahnende Schatten zehn lange Minuten durch die Finsternis der riesigen Gewölbehalle, vorbei an stockdusteren Buntglasfenstern und den eben noch sichtbaren, reich verzierten, nun von tiefer Schwärze überzogenen Barocksäulen.

Die Gäste fügen sich anstandslos in das Schattentheater. Kurz ist ein Raunen zu hören, mehr nicht. Der für Bukarester Restaurants übliche, leicht hysterische Geräuschpegel wird schnell wieder erreicht. Die Managerin des Caru cu Bere tastet sich zu unserem Tisch. Wahrscheinlich nur ein Kabel, das bei den Bauarbeiten im nahen Lipscani-Viertel beschädigt wurde, beruhigt sie uns. Das komme hin und wieder mal vor. Erstaunlich. Wenn sie solche Störungen schon öfter erlebt hat, warum dann keine Kerzen, keine

Feuerzeuge, keine hilfreichen Ersatzleuchtquellen?

So plötzlich wie es erloschen ist, glimmt das elektrische Licht in den Lampen wieder auf. Erst erkennt man nichts außer gleißender Helligkeit. Dann stolpern die Augen in eine völlig neue Szenerie. Vier in elegantes Schwarz-Weiß gekleidete Tanzpaare stehen umschlungen in der Mitte des Saales. Ein Streichquartett, das eben noch unten im Gewölbekeller zur flotten *sîrba* aufspielte, stimmt nun einen Tango an. Mit einer schnellen Drehung entwinden sich die Tänzer aus ihrer Umarmung und zaubern exakt geschrittene Bewegungsmuster aufs Parkett, während die Kellner, die nach der Unterbrechung eigentlich unter einer Überdosis Servierstress leiden müssten, sich geschickt mit den Tänzern und Tänzerinnen arrangieren. Mit schlafwandlerischer Sicherheit winden und drehen sie sich zwischen den Paaren hindurch, nehmen die Bewegungen der Tänzer teilweise auf, improvisieren, biegen den Körper, strecken die Beine und vollführen mit hoch erhobenen, prallvoll gefüllten Tabletts geschickte Luftgirlanden.

Eine solche Performance wäre im restlichen Rumänien undenkbar, sagt stolz meine Begleitung, eine Bukaresterin, und meint damit die überraschend elegante Improvisationskunst der tanzenden Kellner. Denn deren humorvolle Gelassenheit ist keineswegs typisch für Bukarest. Die rumänischen Bedienungs- und Serviceklassiker, also mürrische, gelangweilte Gesichter, arrogante Antworten auf höfliche Fragen und ignorantes Wegsehen auf Zuruf, sind keineswegs ausgestorben. Im Gegenteil, man kann sie in der Hauptstadt noch täglich erleben. Die Bukarester sind eben komplex, sagt meine Begleiterin, manchmal seien sie auch ein wenig affektiert.

Zusammengenommen beschreiben diese beiden Adjektive es punktgenau: Bukarester sind komplex affektiert. Sie haben einen ausgeprägten Hang zur Theatralik. Die schauspielerischen Leistungen temperamentvoller Bukarester Taxifahrer stehen der gestenreichen Mimik ihrer neapolitanischen Kollegen in nichts nach. Genau wie diese driften sie im Alltagsstress gerne einmal ins leidenschaftlich Hysterische ab. Wer sich an die südländische Theatralik à la Bucureşti gewöhnt hat, lernt diese jedoch schnell als das zu begreifen, was sie ist. Ein lebensnotwendiger, dramaturgischer Reflex auf die dramatischen Herausforderungen einer chaotischen Großstadt.

Der Segen des Herrn Tutzi Batschi

Kratertango zu den sächsischen Zigeunern von Weilau

Transsilvanien. Am Ende der Stadt Sächsisch-Regen links abbiegen und dann immer geradeaus, bis ans Ende der befahrbaren Welt. Mächtige Pappeln säumen den Feldweg. Im Ort Botsch machen einige Jungstörche erste Flugübungen und praktizieren auf engstem Raum Synchronflügelspreizen. Es folgt die Ouvertüre einer Schlaglochsinfonie bis zum Botscher Rathaus vor dem eine alte, rot lackierte Feuerwehrkutsche und der dazugehörige Spritzenwagen unter einer kleinen rumänischen Fahne langsam in sich zusammenfallen. Selbst in diesem Zustand würden die Fahrzeuge aus dem Jahre 1812 jedem Dorfmuseum in Deutschland alle Ehre machen.

Wer von Botsch aus nach Weilau, dem rumänischen Uila, aufbricht und den Unterboden seines Fahrzeugs schonen möchte, sollte den Minibus oder ein Taxi nehmen oder sich gleich ein Pferd ausleihen. Ansonsten erwarten einen sieben Kilometer Kratertango. Denn die Straße zeigt unerwartet Rückgrat, möchte sich nicht befahren lassen. Eine sich windende Schlange. Wilde Buckel, die sich in unmöglichen Bodenbeulen blähen, gezackte Asphaltreste, die überall aufreißen.

Es hat geregnet. Die zahlreichen, mit Wasser

gefüllten Krater geben dem Blick ihre Tiefe nicht preis. Seenlandschaften mitten auf dem, was sich Straße nennt. Kurz vor Weilau begleitet auch noch meterhohes Schilf den Ankömmling, der sich verdutzt im Donaudelta wähnt. Ein Schlaglochtanz, vorbei an Apfel-, Kirsch- und Pflaumenplantagen. Vom wogenden Schilf begleitete Fahrt durch eine wilde Zaubernebellandschaft.

Ein Ortsschild findet sich nirgends. Berühmtheiten haben Hinweise auf ihren Namen nicht nötig. Linker Hand, auf dem Weizenfeld, eine elegant gekleidete Vogelscheuche. Sie empfängt den Besucher.

In Weilau, im Norden Siebenbürgens, ist nichts mehr so, wie es einmal war. Die ehemals hier lebenden Deutschen haben das Dorf längst verlassen. Nach dem Exodus der evangelischen Kirchengemeinde beschlossen die im Dorf verbliebenen Zigeuner, die jahrhundertelang mit den Sachsen zusammengelebt hatten und deren deutsche Mundart sprechen, dass sie dem Verfall der Kirche auf gar keinen Fall tatenlos zusehen dürften. Sie beschlossen, das Gotteshaus zu renovieren und zu schützen. Die evangelischen Zigeuner von Weilau, immerhin zweiundneunzig Prozent der Kirchengemeinde, sind mittlerweile in ganz Siebenbürgen berühmt. So stellen sie eine der wenigen evangelischen Zigeunerblaskapellen, die auf Kirchfesten zum Tanz aufspielt. Stolz verkündet ihr Kurator, der Tutzi Batschi in breitester sächsischer Mundart: »Secher, mir sei Zigun. Awa an der Kirich lirn mer och däitsch Lieder.« (Sicher, wir sind Zigeuner. Aber in der Kirche lernen wir auch deutsche Lieder.)

Tutzi Batschi, der Kirchenvorsteher der sächsischen Zigeuner in Weilau, spricht fünf Sprachen. Neben seinen Muttersprachen Romanes und Rumänisch auch Ungarisch, Deutsch und Sächsisch. Geflucht wird in Romanes, das klingt besser, sagt er. Grund dazu gibt ihm unter anderem der Brunnen hinter dem Haus, den er sich nun tiefer graben lässt. Nach drei Tagen Arbeit und fünf Metern Tiefe steht immer noch kein Wasser drin. Es gab keinen Regen in diesem Sommer. Viele Brunnen in Rumänien sind ausgetrocknet. Jeder Meter weiteres Graben kostet dreißig Euro. Farkas Béla Tutzi flucht erneut.

Gerne hätte man einen Deutschen im Dorf, einen mit ein wenig Geld. Schließlich hat auch Hermannstadt einen deutschen Bürgermeister. Schnell ist ein leer stehendes Haus auf der anderen Straßenseite auserkoren. Drei Zimmer, drei Kellerräume, ein großer Stall, ein riesiger Garten. Kosten: nur sechstausend Euro. Eine hübsche Frau würde sich im Ort auch schnell finden, meint Tutzi. Der deutsche Gast soll am besten heute Abend noch eingemeindet, sprich, verkuppelt werden. So schnell geht das hier.

Alle Wanderzigeuner seien irgendwann einmal gezwungen, sich sesshaft zu machen, so auch der Herr Reiseschriftsteller, der sich der Mühe unterzogen habe, die Schotterpiste ans Ende der Welt nach Weilau zu nehmen.

Mir schwant Böses. Ein Schluck zu viel, ein

wenig zu tief in die Flasche geschaut und man findet sich als Bräutigam gefesselt und geknebelt neben der auserkorenen Braut wieder. Wie schnell ist man hier Bruder im Geiste, Schwager, Schwiegersohn?

Glücklicherweise entspinnt sich bald eine rege Diskussion über das Wort Zigeuner. Tutzi Batschi kann das, was er mit Leidenschaft sagt, nun in gutem Deutsch wiedergeben. »Eure Sinti und Roma, die man uns jetzt unterjubeln will, sind eine Diskriminierung. Ist euch das denn gar nicht klar? Nenn mich doch einfach Zigeuner. Was ist denn so schlimm an diesem Wort?«

Der Tutzi Batschi dreht in seiner Argumentation auf: »Hat man denn noch nie von den căldărari (Kesselschmieden), den aurari (Goldarbeitern) oder uns lăutari (Musikern) gehört bei euch im Westen? Wie sollen wir uns denn anders nennen als lăutari? Komm mit, ich zeige dir was.«

Tutzi Batschi führt mich nach draußen. Nach einem kurzen Fußmarsch betreten wir ein Haus, in dem bald schon eine Rasselbande wackliger Rentner erscheint, die sich »Taraf de Uila« nennen. Alexandru, Hermann, Iuliu, Albert und Alada, die fünf *lăutari*, spielen nach der Aussage ihres Kurators den ungarischen Csárdás, den rumänischen *sîrba* und den österreichischen Walzer gleichermaßen. Wir werden sehen.

Der Tutzi Batschi erhebt sich, hält eine kurze Ansprache. »Sie haben ihre Instrumente mitgebracht und wollen nun musizieren zu Ehren des Gastes, auf dass er immer sein Glück finden möge in unserem Dorfe – und eine schöne Frau!«

Aha. Darauf läuft es also hinaus. Die Rentner werden mir sicherlich gleich zu einem Hochzeitsmarsch aufspielen. Doch nach einigen Minuten merke ich, dass sie sich etwas ganz anderes ausgedacht haben. Ein verblüffendes, reizendes Spielchen. Zuerst einmal stehen sie im engen Zimmer herum wie begossene Pudel, machen ernste Gesichter, so als hätten sie gerade eben auf einer Beerdigung gespielt. Es scheint so, als stimmten sie mit letzter Kraft die drei Violinen, das *ţâmbal* und den Bass. Ein kakofonisches Munter-vor-sich-hin-Fiedeln, das schier kein Ende nehmen will. »Sie haben schon angefangen«, witzelt der Kantor Farkas Béla Tutzi, was ich nicht glauben kann. Keine Musikantengruppe in Rumänien spiele so schlecht.

Nichts als Missklänge im kleinen Zimmerchen, kein Zusammenspiel, disharmonisch, schief und falsch. Die alten Herren scheinen sich mit ihren Instrumenten abzuquälen. Kaum Begeisterung. Unerträgliche Katzenklagelaute und absolute Schräglage der Töne. Irgendwie habe ich langsam das Gefühl, die Musiker würden ihre Instrumente nicht richtig beherrschen.

»Bei Alexandru und einigen anderen der Gruppe funktioniert das Telefon nicht mehr richtig«, sagt der Tutzi Batschi und deutet auf sein rechtes Ohr. Ach so, daran liegt es also. Die sind alle schwerhörig. Es gebe da allerdings eine recht gute Medizin, so der Batschi. Das Zauberwort heiße Pflaumenschnaps. Aha. Die ländliche Allzweck- und Wunderwaffe.

Wie bestellt steht plötzlich eine verschmitzt lächelnde Frau namens Margarita mit einem Tablett randvoll gefüllter Gläser im Raum. Herzhaft greifen die Musiker nun zum Seelentröster, ihrem *ţuica,* der hier auch Entroster, Rachenputzer, Augenglänzer und Held der Arbeit genannt wird, dem wunderbaren Pflaumenschnaps.

Und nun folgt das Unglaubliche.

Mit jeder kleinen Pflaumenschnapspause werden die Musiker hörbar besser und vor allem schneller. Der Schnaps gilt ihnen als Freund und Katalysator in einem. Beschleuniger ihrer Träume. Himmelsstürmer ihrer Jugend. Langsam werden die Finger geschmeidiger, der filzgedämpfte Schlegel beginnt sachte und weich über die Saiten des *ţâmbal* zu perlen. Die Körper der Violinenspieler wiegen sich geschmeidig zu den Klängen, wie vorhin noch das Schilf im Wind am Wegesrand.

Der Schnaps fügt wundersam zusammen, was an Noten zusammengehört. Das Ölen der Kehlen mit dem hochgeistigen Getränk und der unfassbare Übergang der Dissonanzen in einen sehr gekonnten Csárdás und einen Sächsischen Walzer wird zum Kinderspiel. Wo sich anfangs die Töne schief begegneten und sich auch die Herren angesichts ihres Alters kaum auf den Beinen halten konnten, wird die Musik mit zunehmendem Schnapskonsum runder, klarer und reiner. Harmonisch, könnte man sagen, und schnell – verflucht schnell.

Ein schöner, netter Trick: Die Virtuosität kommt so noch deutlicher zum Ausdruck und die Überraschung ist groß. Anfangs glaubte man, die Herren würden bald in sich zusammenfallen, wie der zweihundert Jahre alte Feuerwehrwagen der Nachbargemeinde, doch dann richteten die Schnapslebensgeister sie wieder auf.

Die scheinbar so steifen Gelenke, plötzlich wie von unsichtbaren Fäden gezogen. Der Kratertango zu den sächsischen Zigeunern von Weilau hatte sich gelohnt. Ich bin noch über eine Woche bei ihnen geblieben und habe mich nicht einen Augenblick gelangweilt.

Der Einheirat konnte ich damals nur knapp entkommen. Und ich habe sie, auch nach mehreren weiteren Besuchen in Weilau, bis heute erfolgreich verhindern können.

Tatiana und der Laserpointer

Moldoviţa – eine Klosterführung im Schnelldurchlauf

Die Bildsprache orthodoxer Wandbilder in den schlichten, kleinen Holzkirchen im Maramuresch mag ja sehr drastisch sein, doch immerhin ist sie einfach und klar verständlich.

In der Kirche in Poienele Izei empfängt ein grimmiger Drache mit feurigen Nüstern die Sünder an der Pforte zum Reich der Finsternis. Je nach Berufsstand und den Verfehlungen der Höllenaspiranten bieten ziegenköpfige Dämonen und rot glühende Teufel maßgeschneiderte Strafen an. So wird dem sündigen Schmied von einem finsteren Folterknecht ein Blasebalg ins Hinterteil geschoben und Luft zugeführt, bis der Bauch sich zu wölben beginnt. Ein anderes Kirchengemälde zeigt eine Engelmacherin, die gezwungenermaßen ein Kind verschlingt und einen Lügner, der der bildlichen Bestrafungslogik zufolge von einem Racheengel an seiner eigenen Zunge aufgehängt wird.

Ganz im Gegensatz zu diesen deftigen, unmissverständlichen Höllenqualen bedient sich die rumänische Orthodoxie für die Innen- und Außenfresken der Moldauklöster einer hochkomplexen Motivsprache, die sich, mit vielfachen Bedeutungsebenen und zahllosen Details versehen, vor allem dem westlichen Betrachter, kaum auf den ersten Blick erschließt. Schon gar nicht im Schnelldurchlauf eines Kurzbesuchs. Als sehr hilfreich erweist sich deshalb bei Besichtigungen der beeindruckenden moldauischen Klöster die geduldige, kompetente Führung durch geschultes Klosterpersonal, das ganz zeitgemäß mitunter auch über modernste elektronische Geräte verfügt.

Ein milder Augustmorgen im Jahre 2006. Touristen quellen aus ihren Reisebussen und drängeln sich vor dem Eingang des Klosters Moldoviţa in der Südbukowina. So weit nichts Ungewöhnliches. Besichtigungsrituale dieser Art finden täglich ebenso in den vollständig von Außenfresken bedeckten Moldauklöstern Putna, Suceviţa und Voroneţ statt, um nur die bekanntesten zu nennen.

Im Kloster Moldoviţa jedoch ist der Ansturm der Besucher an diesem Sommertag unerwartet stark. Das ist verwunderlich, da bislang das Kloster Voroneţ als unangefochtener Spitzenreiter in der Besuchergunst gegolten hatte. Keinem anderen Kloster war es bisher gelungen, der von allen Reiseführern propagierten »Sixtinischen Kapelle des Ostens« und ihrem unerreichten »Voroneţer Blau« den Rang abzulaufen. Dabei wurden zerriebene Lapislazulisteine als Farbbeimischung, wie man mittlerweile herausgefunden hat, durchaus auch für die Außenfresken anderer Klöster verwendet.

Ich selbst führe das Schattendasein der Klöster Moldoviţa und Suceviţa, das diese trotz ihrer prächtigen Wandmalereien fristeten, übrigens ganz banal auf einen Bergpass zurück, der vielen Reiseunternehmen bislang als zeitraubendes Hindernis galt. Doch das scheint sich ja nun, aus unerfindlichen Gründen, geändert zu haben. Die Massen strömen. Vielleicht begeht man heute aber auch einen mir unbekannten Festtag oder präsentiert einen neuen Schatz aus der Grabkammer des Klostergründers Petru Rareş.

Ich zähle etwa fünfzehn Busse an jenem Morgen. Japaner, Amerikaner, Russen, Ukrainer, Holländer, Deutsche, Österreicher, Schweizer und Italiener schlendern erwartungsvoll über das Klostergelände.

Schnell wird klar, das in Moldoviţa heute alles ein wenig anders zugeht, als ich es bisher von ähnlichen Führungen kannte. Kein babylonisches Stimmengewirr, kein Gezanke und Gezerre um die besten Plätze vor dem Akathistos-Hymnus der Südfassade, keine Zwischenrufe, keine Klagen. Die Menge steht im Klosterhof und starrt gebannt wartend auf eine Nonne im traditionell schwarzen Habit.

Schwester Tatiana hebt eine Hand, stellt sich kurz vor und gibt einige knappe Anweisungen in mehreren Sprachen. Dann schwingt sie resolut einen langen Stock durch die Luft, der einem Zauberstab gleich die erwartungsvoll dreinblickende Menschenmenge in eine gleichförmige, unaufgeregte Bewegung hin zu einem Pfeiler der Südfassade versetzt. Hier dient dieser Stock nun als Zeiger für das in der Sonne erstrahlende Fresko des Heiligen Georg, der sich auf der Abbildung gerade im Kampf gegen die Muselmanen hervortut. Die rumänische Klosterschwester Tatiana hat die Menge vollkommen im Griff. Geschickt setzt sie ihren Stock als verlängerten Zeigefinger ein, als taktgebendes Zeitmaß oder als Wegweiser durch die Labyrinthe des Gartens. Unweigerlich kommt einem die Teilung des Roten Meeres durch Moses in den Sinn, wenn man sieht, wie exakt Tatiana zwei Reisegruppen mit einem Senken des Stockes vom Rest abspaltet, um sie dann mit einem energischen gekreiselten Luftschwung in Richtung Vorhalle zu dirigieren.

Im Innenraum des Narthex möchte niemand der energischen Ordensfrau zu nahe kommen, das merkt man. Der Abstand, den sie mit strengem Blick einfordert, erzeugt aber trotz der zunehmenden Enge in den Gesichtern der Besucher einen Ausdruck vollster Zufriedenheit.

Im Innern der Klosterkirche hat der lange Holzstock endlich ausgedient. Tatiana zaubert als neuzeitliches Hilfsgerät einen Laserpointer hervor und rast sofort mit dem roten Lichtpunkt über die durch den jahrhundertelangen Gebrauch von Talgkerzen etwas eingeschwärzten Deckengemälde, den Altar aus Ebenholz und über die himmlischen Motive der großen Arkaden.

Die Menge verfolgt den rasanten Tanz des Laserpunkts mit gelegentlichem Raunen. Die ausgezeichnete Akustik der Halle verstärkt Tatianas durchdringende Stimme, die nun in flottem, radebrechendem Deutsch sowie einer mir unbekannten Variante des Niederländischen über die Grabkammer von Petru Rareş, die Geheimnisse der verwitterten Nordfassade, die zylindrisch gewölbten Fenster auf der Südseite, die vorübergehende Belagerung Konstantinopels durch die Türken, die Heldentaten Stefans des Großen sowie die Besonderheiten der Beleuchtung der Grabhalle spricht.

Plötzlich macht Tatiana einen riesigen Ausfallschritt. Man merkt es nur daran, dass auch die dicht gedrängte Besuchermenge sich als Ganzes ruckartig einen Schritt seitwärts bewegt. Während der Strahl ihres Laserpointers über weitere Motive der kirchlichen Vorhalle rast, steigert sich die Nonne Tatiana in ein rasant-kryptisches Kauderwelsch hinein, das mir in diesem Tempo zwar keinerlei Zugang zu den gezeigten Motiven verschafft, aber in seiner famosen Dynamik und Sprachkunst ebenso imponiert wie den anderen Besuchern.

Da in der Zwischenzeit bereits die japanischen und russischen Touristen mit Nachdruck ihr Recht auf Besichtigung geltend machen, weist uns Tatiana mit einem gezielten Zucken ihres Laserpointers den Ausgang. Während wir die Klosterkirche im Gänsemarsch verlassen, erbittet sich Tatiana bereits auf Russisch von der draußen wartenden Menge die einer Kirche angemessene Ruhe aus. Auch die Japaner scheinen die Botschaft ihrer Worte erstaunlicherweise sofort verinnerlicht zu haben.

»Respekt, Respekt. Die versteht ihr Handwerk«, meint draußen ein rüstiger Rentner aus Hamburg mit verzücktem Gesicht. »Dies war die beste Führung, die ich hier in Rumänien bislang mitgemacht habe.« Seine neuen Freunde aus Rosenheim und Rotterdam stimmen begeistert zu.

»Unglaublich«, sagt eine Frau aus Utrecht, »diese Tatiana ist eine Perle.« Ein neben ihr stehender Mann presst die Lippen aufeinander und nickt.

Hier draußen hat die Sonne die leuchtenden Bilder des Klosters längst in ihr hellstes Licht getaucht. So, als habe man den Besucheransturm aus der ganzen Welt bereits in der frühen Neuzeit erahnt, hat man die farbenfrohen Motive über die gesamte Außenwand verteilt. Zur Entstehungszeit der Fresken, um 1537, war dies ein atemberaubendes Freiluftkino für all die Bauern und Hirten, die zu Gottesdienstzeiten im Innern der Kirche keinen Platz mehr fanden. An der Südfassade glänzen die Kanonenrohre der türkischen Belagerer vor Konstantinopel wie frisch poliert. Rote Turbane funkeln. Die goldgelben und purpurnen Gewänder der christlichen Fürsten leuchten in der Mitte der eroberten Stadt um die Wette. Der Himmel über Konstantinopel erstrahlt mittags um zwölf im schönsten Lapislazuliblau.

Ein Besucher aus den Alpen sitzt im Gras und packt sein Butterbrot aus. »Di Tatiana is anfoch a Wuucht. Schod, wamma di faposst hädn.«

Die Klagefrau von Târgu Jiu

Die Unendlichkeit sich ineinander spiegelnder Spiegel

Hier fahren sogar Rumänen langsam, beugen sich am Lenker nach vorne und schauen ehrfurchtsvoll die imposante Bergkulisse hinauf. Südlich von Petroşani findet sich entlang einer Strecke von dreißig Kilometern kein einziges Dorf, nur Wälder, Felsen und der seicht mäandernde Fluss namens Jiu.

Ich war auf dem Weg ins oltenische Runcu zu Maria, einem achtzigjährigen Klageweib, einer *bocitoare*. Die junge rumänische Regisseurin Eva Pervolovici hatte mir im Sommer 2007 diesen Floh ins Ohr gesetzt. Sie habe vor fünf Jahren einen Film über Klageweiber fürs Fernsehen gedreht. Maria aus Runcu sei jedoch weit mehr als ein gewöhnliches Klageweib, das für einen entsprechenden Obulus auf Beerdigungen weint, wehklagt und jammert. Die uralten Trauerlieder Marias, die rituellen rumänischen Klagetexte hätten verblüffende Ähnlichkeit mit denen des Tibetanischen Totenbuchs. Maria beherrsche auch die Kunst alter Flüche (*blestem*) und tief reichenden Segnens (*vrăji*). Eva Pervolovici nannte sie eine Poetin der thanatologischen Trauerarbeit.

Allein mit den beiden Namen Maria und Runcu ausgestattet, hatte ich mich auf den Weg gemacht. Die Strecke durchs Jiu-Tal ist der reinste Karpaten-Traum. Als ich die letzten Häuser der oltenischen Metropole Târgu Jiu hinter mir ließ, wies ein Schild mit dem schönen Vokal-Konsonanten-Mix »Cheile Sohodolului« nach Norden. Der gleiche Weg führt auch nach Runcu. Bei meiner Ankunft im Ort wurde ich von gepflegten Vorgärten und strohhutbedeckten, winkenden Gärtnern empfangen. Kleine werbende Verkaufskisten am Straßenrand, die mit Äpfeln, Birnen und Honiggläsern vollgestellt waren. Einige schöne, bunt bemalte Ziehbrunnen waren zu sehen, ein grasgrüner Trabant knatterte durch die herbstlichen Farben. Bereits die erste ältere Frau im Ort konnte mir Auskunft geben. »Zurück. Gleich rechts über die Brücke, die beiden Häuser gegenüber der Schule. Dort findest du die Hexe.«

Was ich gegenüber der Schule fand, war ein leuchtend blaues Metalltor. Nach meinem Rufen sah ich über die Absperrung hinweg, wie eine hagere kleine Frau heranwackelte, einen langen, geraden Stock in der Rechten, der sie wirklich zu stützen schien. Sie trug ein paar braune Pantoffeln, eine gepunktete Schürze und ein schwarzes, in Piratenart straff um die Stirn gespanntes, hinten verknotetes Kopftuch. Die kleine, zahnlose Gestalt sagte, sie heiße Maria und wohne allein mit ihrem Neffen im Haus. Ja, sie sei eine der beiden Klagefrauen von Runcu.

In dem mit einem kleinen Bollerofen gut aufgewärmten Zimmerchen war es ziemlich eng. Der Divan war vollbepackt mit bunten Decken, zwei kleine Tische vollgestellt mit Heiligenbildchen, und auf einer Spiegelkommode mit weißer Marmorplatte standen perlenumsäumte Schmuckkästchen und runde Schatullen. Daneben eine uralte, mit Ornamenten reich bestückte Holztruhe. Einige unbenutzte Rindertalgkerzen darauf. An den Wänden gewebte Teppiche und teils vergilbte Familienfotos. Nur wenige Sonnenstrahlen schafften es durch die winzigen Fenster. Über einem Holzstuhl mit einer Bibel darauf hingen an einer Schnur einige getrocknete Gartenkräuter mit den Blüten nach unten. Es roch herrlich nach einer Mischung aus Tannenzweigen und Pfefferminze, bis Maria in die angrenzende Küche ging und sich der Duft von frisch gebrühtem türkischen Mokka im Zimmer ausbreitete. Sie setzte sich dicht zu mir auf den Divan, zeigte auf den bereitstehenden Zopfkuchen, den *cozonac*, nahm meine rechte Hand in ihre Hände und sagte mit weit geöffneten Augen. »Ich bin die Maria Chirculescu, jetzt siebenundachtzig Jahre alt. Aber alle nennen mich hier nur die Cimpoaca. Keiner im Dorf wird bei seinem richtigen Namen gerufen.«

Der zahnlose Mund Marias erschien mir unglaublich dehnbar. Spitz und weit im steten Wechsel. Ab und an huschte eine eigenartige Mimik über ihr Gesicht. Augenbrauenzucken. Wie schnelle, irre Wolkenschatten. Mit spitzem, tieffaltigem Mund und strahlenden Augen schärfte mir Maria noch einmal ihr Alter ein, wobei sie das o von *optzeci şi şapte* ganz lang zog. Auf Deutsch klänge das etwa so: siebenundaaaaachtzig. Zur Betonung nannte sie langsam ihr genaues Geburtsdatum, den 12. September 1920, schaute mir lange tief in die Augen und tätschelte meine Hand.

Wie gut, dass sie sich an ihren Geburtstag noch so genau erinnern kann, dachte ich. Schade um die weite Reise. Zweifellos hatte ich es hier mit einer geistig etwas wackligen Dame zu. Um ehrlich zu sein, an ein tieferes Gespräch war mit dieser Alten nicht zu denken. Beim zweimaligen Verweis auf ihr Alter erschienen mir ihre Augen fast »Entschuldigung« zu sagen. Ihr geistiges Aufnahmevermögen schien dem Alter Tribut zu zollen. Ich hätte gerne mehr über den Zusammenhang zwischen Lachen und Leid, zwischen Geburt und Tod erfahren. Ein Gespräch über Totenbegleiterinnen und thanatologische Trauerarbeit aber war undenkbar. Sollte ich etwa mit dieser Alten eine Diskussion über Sozialhygiene führen? Auch mit ihrem Beinamen Cimpoaca konnte ich nichts anfangen. Er war ein sogenanntes *poreclă*, ein Spitzname, den jede Person, jede Familie auf dem rumänischen Land oft über Generationen hinweg erhält und dessen Entstehungsgeschichte meist in den Tiefen der Zeit verborgen liegt.

Während ich gedankenverloren den Mokka schlürfte, sah mich Maria mit ihren großen wässrigen Augen intensiv an. Plötzlich fragte sie mich mit völlig klarer und direkter Stimme, was ich denn genau wissen wolle, weshalb ich von Deutschland hergekommen sei. Die ernsten, aber freundlichen riesigen Augen tasteten mich ab.

Eine offene, zerfurchte Gesichtslandschaft tat sich vor mir auf, die sich, genau wie vorhin, im raschen Wechsel zu verändern schien, als ich selbst zu sprechen begann.

Kurz schoss mir in den Kopf, dass ich fünfzehnhundert Kilometer angereist war, hier bei einer siebenundachtzigjährigen Klagefrau in einem gottverlassenen Ort auf dem Divan saß und keine Ahnung hatte, was ich jetzt sagen sollte. Ich fing an, von Eva, der Regisseurin, zu erzählen. Von dem Fernsehfilm, den diese vor fünf Jahren über die *bocitoare,* die Klageweiber Olteniens, also auch über sie gedreht hatte. Ich sprach von der Totenbegleitung, von den uralten rituellen Gesängen, von der Zeit, als die Augen der Toten noch mit Kaurischneckenschalen geschmückt wurden. Sprach über die eigenartige Nähe von Lachen und Trauer, geriet in einen mechanischen Redefluss – sah nur kurz wieder Marias unglaubliche, sich rasch verändernde Mimik –, als die Alte mich brüsk unterbrach.

»Söhnchen, du weißt ja schon vieles. Kannst aber jetzt aufhören zu schwätzen und rumzureden.« Ihr Gesicht hatte sich schlagartig verändert. Ernst und klar blickte sie in meine Augen, fragte mich, was ich wirklich wolle. Auch einer Siebenundachtzigjährigen könne man die Zeit nicht stehlen. Hätte ich denn keine richtige Frage mitgebracht?

Journalistisch war ich, wie ich meinte, bestens vorbereitet, aber mit dieser Direktheit hatte ich einfach nicht gerechnet. Eben noch hatte ich diese Alte für beschränkt, ja gar für debil gehalten, und nun erwischte sie mich eiskalt. Was wäre eine gute Frage gewesen in dieser Situation? Das einzig halbwegs Vernünftige, was mir einfiel, war ein Ausspruch von Woody Allen, dem ich bis zu diesem Zeitpunkt bedingungslos zustimmen konnte. Ich sagte: »Ich habe nichts gegen das Sterben, ich will nur nicht dabei sein, wenn es so weit ist.«

Maria Chirculescu bekam einen Lachkrampf. »Gut gesagt. Gut gesagt. Aber du bist doch nicht aus Angst geboren worden. Oder? Schön wäre es schon, wenn du dabei sein könntest. Glaub mir, das ist ganz nützlich, aufmerksam zu sein, wenn man die Pforte durchschreitet. Ich werde dir etwas erzählen.«

In ihren jungen Jahren, so Maria, hätten die Männer zur Sterbebegleitung noch das Rinderhorn geblasen. Wenn die Totenwache das Klagelied »cântec de jale« anstimmte, habe sie diese Melodie nach ein paar Takten aufgegriffen und dazu frei improvisiert. Man habe auch Trauergesänge angestimmt, wenn die Menschen in den Krieg gezogen oder wenn Kühe gestorben seien. Heute könne sich das keiner mehr vorstellen.

Dann sagte Maria ganz ruhig: »Ich singe nicht mehr – Eu numai cânt. Doar câteodata pentru momente speciale – cânt. Damit du's weißt. Nur noch ganz selten, in ganz besonderen Momenten – singe ich. Glaubst du, man kann ohne Zähne noch gut singen? Nein, das geht nicht.« Unmerklich begann ich das Zimmer nach einem herumstehenden Glas mit einem Gebiss abzusuchen.

»Der Tod reißt eine Lücke in das Leben der Menschen. Viele können es nicht glauben, geben uns Geld, damit wir es rückgängig machen. … să tragă înapoi … Ein Bauer hat mir seinen ganzen Hof versprochen, wenn ich ihm seinen verstorbenen Bruder wieder lebendig mache. Doch das geht nicht. Wenn sie die Toten nicht gehen lassen wollen, machen sie alles nur schwer, weißt du, Söhnchen?« Plötzlich murmelte Maria leise einen Wortfluss vor sich hin, von dem ich nur den Anfang verstand.

Vină fraţioare înapoi, vină fraţioare înapoi,
Batâr peste-un an o 'doi, batâr peste-un an o 'doi
…
Komm zurück, Brüderchen, komm zurück,
Brüderchen,
wenigstens in einem Jahr oder zwei …

Den Rest verstand ich nicht und kann ihn deshalb hier nicht wiedergeben, nur noch den Ausdruck »Tränen bis hinunter zur Erde« habe ich in Erinnerung. *Cu lacrimi pănă-n pământ* … Und dann sagte Maria noch etwas über die offenen Haare der trauernden Frauen. »Du wolltest doch wissen, wie dicht Lachen und Trauer beisammen liegen. Ganz dicht sogar, Nachbarinnen sind sie, die Freude und das Leid. Die ehrbare Frau trägt die Haare zusammengebunden. Nur in der Liebe und in der Trauer sind sie offen, fliegen wild und frei herum. Schau dich um. Die Zöpfe der Mädchen und Kopftücher zeigen, dass sich die Frau im Griff hat. Die Haare der Trauernden jedoch fliegen ebenso wild wie die der Frauen in der Liebesnacht. Weil unsere Trauer unendlich ist. Weil unsere Liebe unendlich ist.«

Maria sprach an diesem Nachmittag noch über die hohe Kunst der Sterbebegleitung, das spontane Dichten, den Sinn und Zweck des rituellen Trauergesangs sowie über Ekstase, Trance und Hingabe. Und dann, während wir uns über den Verlust dieser Traditionen im Westen, die Entsorgung der dortigen Toten und das Verschwinden der Trauerkultur unterhielten, wurde mir plötzlich etwas bewusst. Mir wurde von einem Moment auf den anderen klar, worin das Geheimnis dieser irren Bewegungen in Marias Gesicht lag, dieses mimischen Tanzes. Die unerwartet auftauchenden Veränderungen in ihrem Ausdruck waren nichts anderes als die Reflexionen meiner eigenen Mimik. Unglaublich. Maria spiegelte die Regungen meines Gesichtes exakt wider, während ich sprach. Tauchte empathisch ein in die sich permanent verändernde Landschaft meiner Gedanken und Gefühle. Deutlich konnte ich nun sehen und fühlen, wie die Klagefrau Maria, außer den Bewegungen meines Mundes, das gesamte Spektrum meiner Mimik nachahmte.

Irgendwie war mir die Empfindung vertraut und doch auch wieder völlig fremd. Es war so, als blickte ich in einen menschlichen Spiegel, aber auch die Alte schien mit einfühlsamem und gleichzeitig doch entrücktem Blick in einen Spiegel zu schauen. Es fühlte sich wie etwas Unmögliches an. Wie etwas, das jenseits des Verstandes liegt. Irgendetwas Unfassbares. Wie die Unendlichkeit der sich ineinander spiegelnden Spiegel vielleicht.

Die Metamorphosen des Ovid

Erstaunliche Wandlungen am Schwarzen Meer

Das unter der Flagge Liberias fahrende Schiff Hedwig Oldendorff liegt breit und mächtig im Containerhafen von Mangalia. Doch auf den Entladerampen ist alles ruhig, niemand scheint sich hier der brütenden Sonne aussetzen zu wollen, die den eisernen Mantel der Schiffe gnadenlos aufheizt.

An einer Steinmauer behauptet das riesige Plakat einer Bierwerbung, es gebe keine hässlichen Frauen; unterdessen tragen an der Allee einige der so Gepriesenen ihre ausladenden Hüften zum Strand. Männer mit gut gefüllten Urlaubsbäuchen liegen sonnenölgetränkt aufgereiht vor kleinen, dampfenden Fleischspießbuden. Aus Strandmegafonen dröhnt monotone Manelemusik über die lethargische Menge hinweg. Kaum jemand bewegt sich. An der Strandpromenade schleppt sich ein Strohhutgrüppchen älterer deutscher Damen in blümchengemusterten Badeanzügen, Schatten suchend und dicht aneinandergedrängt weg vom heißen Asphalt in ein Selbstbedienungsrestaurant mit der Aufschrift »Auto Service«. Bald hat Mangalia sich satt gegessen. Bald wird Mangalia nur noch dösen, schlafen und verdauen.

Richtung Süden, nach Vama Veche hin, verschlankt und verjüngt sich die Besucherschar am

Strand deutlich. Hier, direkt an der bulgarischen Grenze, beginnt heute ein Rock- und Jazzfest, von dem die meisten Menschen in den nach den Planeten benannten Badeorten Venus, Saturn, Neptun und Jupiter nichts wissen und auch gar nichts wissen wollen. Noch trennt ein breiter Streifen Niemandsland die beiden Welten voneinander, auf dem man vereinzelte schiefe Holzschilder sieht.

»Die Aufschrift ›Teren de vânzare‹ (Grundstück zu verkaufen) wird sicher in den nächsten Jahren verschwunden sein«, sagt Mircea Toma, der Organisator des Ştufstok-Musikfestivals von Vama Veche. »Noch halten die Planetenorte Abstand zu uns, doch vielleicht plant man bereits eine Badestadt namens Mercur. Wer weiß? Der unbebaute Abschnitt an der Schwarzmeerküste wird jedenfalls immer beliebter.«

Die nördlich des »Schutzstreifens« gelegenen Badeorte, eine Welt des Massentourismus mit Diskotheken, Konsumtempeln, Betonburgen und Großrestaurants, nennt Toma die »Plastikwelt«. Sein ökologischer Gegenentwurf hat in Vama Veche, dem »alten Zoll«, eine lange Tradition. Bereits in den siebziger Jahren begannen Bildhauer, Schriftsteller und Journalisten, sich an der bulgarischen Grenze ihre kleinen Aussteigerparadiese zu schaffen. Zwar observierte damals die Securitate die Schilfhütten, Jazzschuppen und hölzernen Terrassenrestaurants der Intellektuellen und Kreativen, sah aber in dem »Hippie-Örtchen« dann letztlich doch keine Gefahr.

Noch heute ist Vama Veche außerhalb des Festivals, das im Hochsommer stattfindet, eine ruhige, fast verschlafene Enklave alternativer Kultur. Wer im windigen Frühjahr oder warmen rumänischen Herbst hierher kommt, wird in Bibis Bistro vielleicht einen alten Jazz-Saxofonisten antreffen, der erwärmende Stücke von Jan Garbarek spielt und sich damit sein Essen verdient. Man wird Ion oder Michaela kennenlernen, die in ihrem ganzjährig geöffneten Humanitas-Strandbuchladen den neuesten Coelho, Cărtărescu oder antiquarische Bücher von Mircea Eliade verkaufen. Bücher über Yoga, Tai-Chi und die rumänischsprachige Ausgabe des Kamasutra sind in dieser Saison als Strandlektüre angesagt. Vama Veche ist die meiste Zeit des Jahres ein friedliches Chill-out-Paradies. Man sitzt in der, selbstverständlich schilfgedeckten, *terasă de seară*, (der Abendterrasse), raucht Wasserpfeife mit mildem Minzgeschmack, isst frittierte *hamsi*, kleine Fischchen, die man traditionellerweise mit Kopf und Gräten verspeist, und beobachtet vereinzelte Surfer am Horizont.

Mein Freund Ovidiu Crăciunescu, ein Philosophiestudent aus Bukarest, warnte mich jedoch. Während des Ştufstok-Festivals sei Vama Veche nicht mehr wiederzuerkennen. Dann würden die Massen den kleinen, beschaulichen Ort überfluten. Und er hatte recht.

Es ist Ştufstok-Zeit. Rumänische Teenager in psychedelisch gefärbten T-Shirts, Rastalocken oder langen, wehenden Frühlingskleidern pilgern scharenweise hinab zum Tanzstrand. In den kleinen

Schilfrestaurants tummeln sich Verkäufer von buntem Meeresschnickschnack. Ein Mädchen mit rosa gefärbten Haarstacheln auf dem Kopf sucht eine farblich dazu passende Muschel- oder Perlenkette. Vor einem dunklen Rockschuppen dröhnt eine blank geputzte Harley-Davidson, ein völlig in schwarzes Leder gekleideter Biker lässt die Räder im Sand rotieren. Gleich daneben schummrige Bars, in denen man zum Guinness-Frühstück einlädt. Beim Kauf eines alkoholischen Getränks gibt es ein Speiseeis gratis dazu.

Man findet in Vama Veche alles, was auch am Ajuna-Beach von Goa, auf den Vollmondpartys in Ko Phangan oder in Unwatuna auf Sri Lanka zu finden ist. Cannabisgeruch liegt in der Luft. Eine Zettelverteilerin drückt Passanten einen Flyer mit der Aufschrift »Die einzig wahre Mushroom Story« in die Hand. Ein Mädchen mit Dutzenden blond geflochtenen Zöpfchen schlendert im weißen Bikini vorbei, von hinten sieht man die Tattoos kleiner Raubkatzenspuren, die ihr den braun gebrannten Rücken hochlaufen. Ein Liebespärchen hat sich in einen Trabi verzogen, der hier am Strand friedlich zerfällt.

Ich treffe Ovidiu Crăciunescu wie verabredet an der Bar der Casa John. »Tja, die Rumänen haben viel nachzuholen. Die Zeiten der Unterdrückung sind endgültig vorbei. Die Jugend feiert dies erst einmal ausgiebig. Hat, was Exzesse betrifft, einiges nachzuholen. Mach dich, wenn es dunkel wird, auf etwas gefasst und zieh dir trittfeste Schuhe an.«

Der Name des Musikfestivals – Ştufstok – ist eine Anspielung auf das berühmte Woodstock-Festival von 1969, das auch in Rumänien als Höhepunkt der Flowerpower-Bewegung angesehen wird. Schilf, oder rumänisch *ştuf*, ist hier allgegenwärtig. Die Verkaufsbuden sind schilfgedeckt. Modells am Strand zeigen eine Modenschau mit Kleidern, die nur aus Schilf bestehen. Schilfhüte, Schilfschuhe, Schilfröcke.

Morgen Abend spielt neben der Jazzballadengruppe Blazzaj auch Phoenix, die rumänische Antwort auf Jethro Tull. 1970 bekamen die Musiker Auftrittsverbot in Rumänien. Ihr Gründer und Leadsänger Nicu Covaci ging ins Exil nach Holland, schmuggelte 1977 seine Mitspieler in Gitarrenverstärkerkisten nach Deutschland. Seitdem gilt die Band als Legende. Doch heute Abend steht eine andere Gruppe im Mittelpunkt des Interesses, Zdob şi Zdup.

Ovidiu hat mich gewarnt und sich selbst bereits entsprechend präpariert. Die Spitzen seiner Schuhe sind metallverstärkt, seine Ärmel gepolstert. Über dreitausend Menschen drängeln sich vor den zwei Bühnen. Trotz des kühlen Abends erscheint der Sänger Roman Iagupov mit freiem Oberkörper. Die Jungs aus dem moldawischen Chişinău sind in Rumänien beliebt.

Bereits beim ersten Lied stampft und tobt die Menge. Einige Menschen umarmen und küssen einander, bilden Kreise, schreien den Refrain in den schwarzblauen Himmel. Ein junger Mann hat sich ein Tambourin auf den Kopf gespannt, betrommelt sich selbst in wildem, ausgelassenem Rhythmus mit zwei Schlagstöcken.

Eine moldawische Fraktion schwenkt eine gigantische Fahne in den Landesfarben über ihren Köpfen. Die Menge schreit: »Wir sind Brüder!« Rumänien und Moldawien, seit 1991 geopolitisch getrennt, in der Musik seit Langem wieder vereint. Die Musiker spielen einen verblüffenden Mix aus Rock, Hip-Hop und traditioneller rumänisch-moldawischer Folklore. Nach dem Weckruf des Liedes »Buna dimineaţa« (Guten Morgen) folgt ein Trommelwirbel. Roman Iagupov holt eine kleine Hirtenflöte aus seiner Tasche und verzaubert die Menschen mit einem in den Abendhimmel gehauchten, langsamen Lied, dessen Text alle hier kennen. Eine Ballade über ein Schäflein, das seinem Hirten verloren ging. Eine junge Frau neben mir hat Tränen in den Augen.

Beim nächsten Lied bittet mich Ovidiu zum freien Tanz. Das Rumpelstilzchen mit dem Tambourin auf dem Kopf flippt nun völlig aus. Die Arme und Beine meiner Nachbarn fliegen nur so durch die Luft. Das nächste Lied erfordert in der Tat »trittfeste Schuhe«. Die wild stampfende und hüpfende Menge verschwindet in einer einzigen Wolke aus Sand und Staub. Man nimmt keine Rücksicht auf die Füße der anderen. Als Zdob şi Zdup ihr bekanntestes Lied »Videli noci« anstimmen, verstehe ich kein einziges Wort. Das liegt daran, dass dieses Lied auf Russisch gesungen wird. Doch den Zuhörern und Tänzern ist das völlig egal. Den Text kann hier jeder mitsingen –

oder mitschreien. Die Melodie und die Worte bohren sich tief in meine Gehörgänge. Ovidiu sagt mir beim Strandfrühstück am nächsten Morgen, Tanz und Musik seien wie ein lebensnotwendiges Elixier für Rumänen. »Man hat das Land nicht verstanden, wenn man es sich nicht mit den Ohren erschließt. Pur şi simplu.«

Stimmt, klar und einfach klingt das, und es ist wahr. Musik und Klänge findet man überall in Rumänien, im Pfiff der Dampflokomotive im Wassertal, in den Froschkonzerten im Donaudelta oder beim Klang einer Hirtenflöte in den Karpaten. Ich gebe zu, mir selbst ist Vama Veche zu Zeiten von Ştufstok ein wenig zu wild, zu überdreht, zu anstrengend. Nach drei Tagen Rock, Jazz und Folklore an der bulgarischen Grenze sehne ich mich nach nichts mehr als nach Ruhe. Ovidiu lädt mich ein, mit ihm nach Gura Portiţei ins Delta zu fahren und am Strand entlang bis nach Sfântul Gheorghe zu wandern.

Ich stimme sofort zu. Von Jurilovca geht es mit einem kleinen Boot hinüber zur Landzunge. Von nun an dreißig Kilometer gemeinsames Gehen. Nichts als Gehen, tiefe Gespräche, das Wellenrauschen des Schwarzmeerwassers und das Pfeifen des Windes. In einem Buch habe ich einmal gelesen, in Rumänien sei nirgends ein ruhiger Ort zu finden. Der dies geschrieben hat, war nie in den Höhlen, den Bergen, war nie am Olt, nie an den Seen des Deltas und nie in den transsilvanischen Wäldern, war auch nie zwischen Gura Portiţei und Sulina am Schwarzen Meer.

Die Römer haben Ovid hierher in die Verbannung geschickt, ans Ende der europäischen Welt. In die Stille. Ovid war oft im Delta, hat die Ruhe lieben gelernt und einige Hymnen an die fleißigen Fischer und Bauern verfasst. Ovidiu, sein Namensvetter, zitierte mir in Bukarest einige Passagen aus den Metamorphosen, den fünfzehn Büchern der Verwandlungen. Hier am Schwarzen Meer hat sich Ovidiu nun ebenfalls verwandelt, hat die mit Metallkappen verstärkten »Tanzschuhe« bis zum nächsten Sommer in Vama Veche bei einem Freund gelassen.

»Sich verändern zu dürfen, das ist demokratisch«, sagt er, »Ovid hat die Freiheit der Verwandlung geliebt und wunderbare Übergänge in seinen Versen geschaffen. Weißt du eigentlich«, fragt er mich, »dass es das kommunistische Regime Rumäniens bis zuletzt abgelehnt hat, ›Die letzte Welt‹, den fulminanten Roman von Christoph Ransmayr über die Metamorphosen des Ovid, auf Rumänisch zu veröffentlichen?« »Nein, nie gehört, wieso denn?« »Keine Ahnung«, sagt Ovidiu. »Aber egal, jetzt sind wir endlich frei, können lesen, was wir wollen und wann wir wollen. Niemand kann uns jemals wieder vorschreiben, was wir sehen, schmecken oder hören sollen.« Ovidiu beginnt ein wenig durch den Sand zu tänzeln, hebt seine Arme in den Wind und schreit laut »Europaaa«.

»Ja, wir sind frei«, sage ich.

Am wunderbaren Strand zwischen Gura Portiţei und Sfântul Gheorghe ist alles ruhig. Ovidiu ahnt nicht, dass mir während der ganzen Wanderung der Ohrwurm »Videli noci« der Gruppe Zdop şi Zdub durch meine Gehörgänge kriecht. Wieder und wieder und wieder.

Die überraschende Fußtaufe

Besuch auf dem Schnaps- und Käsefestival in Răşinari

Langsame Annäherung an Hermannstadt in Siebenbürgen. Von Süden. Unterhalb des Hausbergs »Hohe Rinne« brutzelt und brodelt es auf den kleinen Hügeln am Straßenrand. Marietta aus Michelsberg rührt in einem riesigen Kupferkessel über dem offenen Feuer dampfende Polenta an, die ewige Liebe der Rumänen. Sattgelber, grobkörniger Maiskuchen, liebevoll auch Mămăliguţa genannt. Doch beim Käse- und Zuikafestival in Răşinari steht heute nicht der Mais, sondern zwei andere kulinarische Hauptdarsteller im Mittelpunkt. An den zahlreichen Holztischen wird weißer Ziegenkäse und herzhafter Schafskäse aus dem nahen Olttal serviert. Riesige Bruchstücke vom Frischkäse warten auf die Verkostung. Gewachste, runde Käsekugeln, holzbraune Käsezylinder. Schafskäse in Tannenrinde gewickelt.

Strahlende Jungs in weißer Tracht, blau-gelb-roten Nationalschärpen und schwarzen winterlichen Wollmützen bieten hier im Hochsommer Pflaumenschnaps aus den umliegenden Bergen an. Der Väter und Großväter selbst gebrannter Seelentröster.

Seitlich sind die Köpfe der jungen Männer wie kleine Weihnachtsbäume mit vergoldeten Tannenzapfen, blauen Perlenkettchen und versilberten Fichtenzweigen dekoriert. Nach einer flotten Tanzeinlage kommen einige Verehrerinnen herbeigelaufen, stecken den Jungs kleine Rosen an die wollene Kopfbedeckung und laufen kichernd wieder davon. Bergdorfromantik mit musikalischer Alphorn- und Blasorchester-Begleitung. Ein Schäferensemble packt die kleinen Hirtenflöten, *fluitieri*, aus den Gürteln, zeigt stolz den *trăista* vor, den karierten Wandersack, den die Hirten gebunden mit dem Stab schultern, wenn sie im Frühjahr mit ihren Herden in die Berge ziehen.

Etwas irritiert und kopfschüttelnd betrachte ich am Eingang dieser bunten Käse-Schnaps-Veranstaltung in grüner Karpatenlandschaft einen riesigen Holztisch, auf dem ein lächelnder, zahnloser Alter Berge von Allerweltsstrümpfen anbietet. Nein, keine handgestrickten Schäferwollsocken, wie man denken sollte, sondern billige Osteuropa- oder Asienkunststoffware. Was will der hier? Wer wird sich an solch einem schönen Tag, nach dem Genuss von Käse und Selbstgebranntem Kunststoffsocken kaufen?

Kurz darauf beantwortet sich meine Frage ganz unerwartet von selbst. Etwas kleinlaut und verlegen gehe ich selbst an den Tisch des Sockenverkäufers zurück, um einen Pack Billigsocken zu kaufen.

Wie viele Besucher war auch ich dem inneren Wunsch gefolgt, die Hügel zu erklimmen, um mir das bunte Treiben von oben anzusehen. Doch am Hügelsaum sinkt man sofort ins leuchtende nasse Gras ein. Steht verlegen knietief in einer nicht zu erahnenden Pfütze. Und ich bin nicht das einzige Opfer dieses wässrigen Hinterhalts. Um mich herum ähnlich verdutzte Gesichter und nasse Füße. Einige Männer stehen barfuß, die wassertriefenden Socken und Sandalen in der Hand, vor dem Stand des Sockenverkäufers. Es scheint hier zum jährlichen Ritual zu gehören, sich nach dieser unerwarteten Fußtaufe Socken zu kaufen und sich die Zehen von Marietta, Maria oder Oana mit einem weichen Handtuch trocknen zu lassen. Mit einem verschmitzten Lächeln sitzen die mit bunten Kopftüchern dekorierten Frauen in einer Reihe, reiben einem auf einem alten Melkschemel die Füße rot, stellen kichernd Vergleiche zwischen der Konsistenz und der geruchlichen Note von Käse und Fußsohlen her, um dann gleich den Schnaps zum »Aufwärmen« und eine kleine Ziegenkäse-Stärkung zu servieren. Clevere Verkaufsstrategie.

Mircea Cărtărescu und die rollenden Häuser

Tauchgänge in die Bukarester Vergangenheit und Gegenwart

Dörfer legen alles offen. Dörfer sind das, was man sieht. Städte hingegen bemessen sich gerade an dem, was man vordergründig nicht sieht oder eben nur sieht, wenn man in den Untergrund hinab- und in die Wolkenkratzer hinaufsteigt. Städte wuchern gewöhnlich aus unserem Mesokosmos hinaus, in ihre eigenen versteckten Mikro- und Makrowelten. Sofern Platz vorhanden ist, natürlich auch in die Peripherie. In vielen modernen Städten entflieht das sichtbare Leben hinauf in die Wolken.

Bukarest ist noch keine Himmelsstürmerin. Bukarest ist trotz aller Prunk- und Monumentalbauten eine eher bodenständige Stadt geblieben. Allerdings eine Stadt, deren wahre Dimensionen sich auch der Bukaresterin und dem Bukarester nur langsam erschließen. Gibt es die Geheimgänge wirklich, die Ceauşescu von seinem Volkspalast zum Frühlingspalast hat legen lassen? Durchzieht tatsächlich ein Netz aus verborgenen Tunneln und Verbindungswegen das unterirdische Reich der City?

Erstaunlicherweise geben sich auch Künstler eigentümlich verschlossen, was das Leben des

Bukarester Untergrunds anbelangt. Selbst Mircea Cărtărescu, der bedeutendste zeitgenössische Schriftsteller Rumäniens, ein ausgewiesener Kenner der Bukarester Labyrinthologie, kann mir die Frage danach, was sich wirklich unter der Haut der Hauptstadt tut, nicht beantworten. Mircea und seine Frau, die Poetin Ioana Niculaie, haben mich für eine Woche in ihre Wohnung nahe dem Piaţa Kogălniceanu eingeladen. Anstatt in den Untergrund, möchte Mircea Cărtărescu mit mir einige Tauchgänge in die Vergangenheit, in das Bukarest seiner Kindheit und Jugend unternehmen.

Mircea ist in einer landesweiten Umfrage zu den zehn größten zeitgenössischen Rumänen gewählt worden. Die Prämie dafür, eine stark in sich gefaltete Metallplastik mit blank geputzter Plakette, beginnt bereits zu oxidieren. Mircea gefällt das. »Im Dunkeln sieht diese marode Prämie richtig gut aus, genauso wie Bukarest, das, schön beleuchtet, auch erst nachts richtig zu glänzen beginnt.«

Man hat seit je versucht, der Verwandlungskünstlerin Bukarest Etiketten anzuheften. So schwärmte der Dichter Ion Luca Caragiale vom Tor zum Orient, der Dichter Dinescu nannte sie den östlichsten Punkt des Westens, Marketingexperten verkaufen sie immer noch als Paris des Ostens, doch Mircea Cărtărescu sagt nur noch »verflossene Liebe« zu ihr. Eine Liebe, die einst wirklich groß war.

Er hat mich eingeladen, in seinem Arbeitszimmer zu schlafen, und so liege ich also auf einer ausziehbaren Couch inmitten seiner Schriftstellerhöhle und schaue mir zuerst einmal die vielen Buchrücken an, die in den Regalen und im Bauch seines riesigen braunen Schrankes stehen. Natürlich Nicita Stanescu, Mircea Eliade, Sorin Stoica. Das großformatige von Cărtărescu verfasste Kinderbuch »Enciclopedia Zmeilor« (Enzyklopädie der Drachen) und dann die zahllosen Übersetzungen seines Romans »Nostalgia«. Ich greife wahllos hinein in diese Reihe und ziehe die italienische Ausgabe heraus. Der Einband zeigt ein surreales Bukarester Haus, dessen gebogene schmale Fassaden in einer spitzen Ecke zulaufen, die genau auf den Betrachter gerichtet ist. Seitlich scheinen aus den beiden einzigen Seiten des Hauses schattige Fenster herauszukippen. Die geschickte Spielerei eines Grafikers. Doch solche Häuser gibt es in Bukarest wirklich.

Ein verblüffendes Haus war mir kürzlich im Lipscani-Viertel aufgefallen. Zwei im spitzen Winkel aufeinander zulaufende Fassaden erzeugen dort eine interessante optische Täuschung. Bewegt man sich auf die Front des Hauses zu und geht dann langsam um die sehr spitze Ecke herum, so hat man lange Zeit den Eindruck, das Gebäude wäre eine einzige Fassadenkulisse. So als würde es hinten allein von mächtigen Balken gestützt. Die Augen sind rechtwinklige Wände gewöhnt, werden aus diesem Grund in Bukarest manchmal in die Irre geführt.

»Versuch doch einmal ein Puzzlespiel zusammenzusetzen, dessen Teile sich ständig erneuern, ständig bewegen«, sagt Mircea. »Bukarest ist solch ein Puzzlespiel. Zu den Tausenden von Teilen, die als wilder Haufen sichtbar vor einem liegen und nicht zusammenpassen wollen, kommen all die Teile hinzu, die verschüttet sind, die man noch nie gesehen hat, die langsam von unten nach oben rutschen. Puzzlestücke mit Bildern darauf, an die man sich nur allmählich erinnert. Diese Bilder durchdringen den Schorf der Gegenwart.« Mircea spricht von seiner Stadt gerne in anatomischen Bildern.

Mircea Cărtărescu erzählt, wie er in seiner Jugend die ganze Stadt als Lebewesen empfand. Jeder Abriss eine Zahnlücke, jeder Eingriff ein chirurgischer Wahnsinn. Wurde wieder ein historisches Gebäude durch Ceauşescus Modernisierungswahn zerstört, hatte der junge Mircea das Gefühl, als habe man Bukarest eine Niere zerquetscht.

Am nächsten Tag gehen wir durch Mirceas früheres Viertel Lacul Tei, was auf Deutsch nach nobler Wohngegend klingt. Lindensee. Mircea zeigt mir die dicken Rohre der Getreidemühle hinter dem Haus, in dem seine Eltern heute noch leben. Die Rohre hätten früher tonnenweise Mehl transportiert, dazu einen Lärm fabriziert, den man den ganzen Tag als heulenden Wurm im Ohr mit sich herumtrug, bis man sich schließlich daran gewöhnt hatte. Wenn das tagtägliche Kreischen der Getreidemühle einmal, etwa aufgrund einer technischen Panne, ausfiel, schienen die Anwohner völlig verstört, war die Welt des jungen Mircea, das Linden-Viertel, für einige Zeit aus den Fugen. Mircea nennt die riesigen Lüftungsrohre »Alveolen meiner Erinnerung«.

Für Kinder war diese Welt ein riesiges fantastisches Labyrinth. Röhren und Kabel, Betonblöcke, Teppichstangen, Treppenhäuser, offene Fenster und Dächer. Mircea erzählt, im Innenhof habe es einen Lastenaufzug gegeben, der über eine einfache Seilwinde funktionierte. Die Kinder hätten sich daran bis hoch in den vierten Stock gezogen, während ihnen die Anwohner, die Köpfe aus den Fenstern reckend, die Ohren vollschrien.

Mircea nimmt Ioana und mich mit auf das Dach seines ehemaligen Wohnblocks. Hier oben flattert Unterwäsche auf einer Wäscheleine, einige Katzen streunen herum. Ich stolpere über den metallenen Kegelabschluss eines engen Luftschachts. Das Dach hat etwas Abenteuerliches, war und ist immer noch ein Freiheitsparadies, ein Ort, der früher den Blick bis zum Horizont freigab.

»Schau, da drüben an der früheren Şoseaua Ştefan cel Mare gab es ein Haus, das hat Ceauşescu auf Rollen setzen und nach hinten, also von der Straße wegschieben lassen. Kein Witz. Die Menschen auf der Straße haben den Bewohnern dieses Hauses, die während des Transports an den Fenstern ihrer Wohnungen standen, um das Spektakel hautnah mitzuerleben, fröhlich mit bunten Fähnchen zugewunken.« Riesige Kräne aus der Sowjetunion und Bohrinselspezialisten hätten zu diesem Zeitpunkt viele Häuser, die

Niculae Ceauşescu nicht genehm waren, einfach langsam nach hinten, aus dem Gesichtsfeld des in der Edelkarosse vorbeifahrenden Diktators gerollt.

Rollende Kirchen gab es auch. Ich selbst habe einmal die Taufe von Jasmin Lacrima Ernst in der Kirche Sfântul Gheorghe Nou gefeiert, die nur fünf Minuten vom Piaţa Unirii entfernt zu finden ist. Man setzte diese Kirche in den achtziger Jahren auf Rollen und zog sie von der Straße weg, wo sie noch heute zwischen zwei gigantischen Wohnblocks eingekeilt ihr schattiges Dasein fristet. Einige Kirchen konnten auf diese ingenieurtechnisch anspruchsvolle Art vor der Systematisierung Ceauşescus gerettet werden. So wurde auch die Kirche Sfântul Mihai Voda angehoben, auf Schienen gesetzt und von ihrem ursprünglichen Standort zweihundertachtzig Meter ostwärts gefahren. Man findet sie heute in der Strada Sapienţei 4.

Wir sind mittlerweile in Bukarests historischem Zentrum angelangt. Aus einem alten Haus am Revolutionsplatz wächst plötzlich eine modern gezackte Glasfassade. Kein Wunder. Das Haus war das Hauptquartier der Securitate, wurde während der Revolutionstage vom Volk gestürmt, ausgeplündert und im unteren Teil völlig verwüstet. Die Wunde wurde mit einer schicken Glasfüllung geschlossen. Eine Plombe der Erinnerung.

»Einige Architekturstudenten haben inzwischen eine Vereinigung namens ›Case care plâng‹

(Häuser, die weinen) gegründet«, sagt Mircea, »um Bukarests alte Häuser vor der weiteren Zerstörung zu bewahren und das alte Bukarest so weit wie möglich zu erhalten.« Wir suchen die Wunden der Stadt auf. Die Strada Carol Davila 75 ist eine solche Wunde. Dichte Hecken und eine von Bäumen überwucherte Häuserruine. An der Strada Anton Pann 29 findet sich eine wunderbare, leer stehende Villa. Ein Spielball der Spekulanten.

Überall hängen Bündel dicker schwarzer Kabel herum, die grotesk zwischen den teils wunderschön restaurierten Häusern der Altstadt verlaufen. Dieses Kabelgewirr habe es schon im Bukarest seiner Kindheit gegeben, sagt Mircea. Anatomisch gesehen, spielten die Kabel die Rolle von Nervensträngen, die in dieser Stadt alles mit allem verbinden und ohne die nichts funktioniere. Sicher bestimmten sie noch lange die Physiognomie dieser schwer zu ergründenden Metropole mit. Kabelnerven. Nervende Kabel.

Erdbeerpflücker und Eintänzer

Die Träume in der Stadt der Frauen

Etwa zwanzig Kilometer östlich von Satu Mare in der Ortschaft Negreşti-Oaş staunt man als Besucher nicht schlecht. Man hat erwartet, an der Eintrittspforte ins ländliche Maramuresch auf einfache, traditionelle Holzhäuser, Handwerksbetriebe und eine ausschließlich bäuerliche Landbevölkerung zu treffen. Stattdessen reiht sich entlang der zentral verlaufenden Hauptstraße ein nobler Neubau an den anderen. Über tausend Villen sollen es inzwischen sein, die hier im infrastrukturellen Niemandsland stehen. Das Besondere an diesem Ort: Männer sind auf den Straßen von Negreşti-Oaş nicht anzutreffen. Alle Männer im arbeitsfähigen Alter hätten dem Ort spätestens zur letzten Jahrtausendwende den Rücken gekehrt. Die Frauen, Kinder und Alten, so die Gerüchte in der Nachbarstadt, warteten zu Hause auf die Geldsendungen der Männer aus der Ferne und vertrieben sich bis zu deren Rückkehr in ihren schicken Häusern die Zeit mit Handarbeiten und Tratschen.

Der einzige Mann in Negreşti-Oaş, so sagte man mir im nahen Satu Mare, sei der Briefträger. Der trage immer ein breites Grinsen im Gesicht, gerade so breit, dass man meinen könnte, die Ohren seien die letzten Backenzähne. Ein wahrer Glückspilz dieser Briefträger, der für die täglich immer magerer werdenden Poststapel (zehn Briefchen höchstens) mehrere Stunden benötigt. Die alleinstehenden Frauen hätten eben viel zu erzählen und verabreichten dem glücklichen Kerl den Pflaumenschnaps gleich literweise, sodass er seinen Weg nach Hause oft nicht mehr finden könne.

So weit die Legendenbildung in der Nachbarstadt Satu Mare. Doch die Realität sieht etwas anders aus. Nach meiner Ankunft in Negreşti-Oaş, diesem sagenumwobenen »rumänischen Dorf der Frauen«, ist von einem männlichen Briefträger weit und breit nichts zu sehen. Tagelang nicht. Eine Frau auf dem Fahrrad teilt flink und geschickt die spärliche Post aus. Vielleicht hatte den männlichen Briefträger sein anstrengender Dienst auch zur Flucht bewegt? In der Tat allerdings sieht man in Negreşti-Oaş nur Frauen, Alte und Kinder. Der einzige jüngere Mann des Ortes ist ein Baustoffhändler, der solch seltenes Baumaterial wie Perlmuttpulver zur Wandverschönerung und Marmor aus dem italienischen Carrara in seinem Sortiment führt. Handwerker jedoch kennt die Stadt nicht (die müssen aus dem nahen Satu Mare oder aus dem fernen Sighet anreisen) und folgerichtig auch kein Restaurant, keine Kneipe und keine Bingo-Spielhalle.

Die Häuser der Stadt strahlen den gepflegten Wohlstand und jene praktische Eleganz aus, die man auch in einer Neubausiedlung im schwäbischen Daimler-Städtchen Böblingen vorfindet. Trotz unübersehbaren Reichtums protzen die Bauten nicht mit beleuchteten gläsernen Aufzügen, goldenen Türrahmen, fein ziselierten versilberten Dachborden an der Traufkante oder gar sich drehenden Mercedes-Sternen auf dem Dachfirst, wie man sie oft an den prunkvollen, an Maharadschapaläste im fernen Rajasthan erinnernden Zigeunerzinkblechpalästen in manchen rumänischen Orten findet. Dennoch sieht man jedem Haus entlang der Hauptstraße an, dass die Männer in der Fremde tüchtig geschuftet haben müssen, um all den marmornen Prunk und all die kristallene Pracht zu erarbeiten, in denen nun ihre vereinsamten Frauen warten – seit Jahren warten –, teilweise vergeblich warten.

Grundsätzlich gibt es zwei Frauenlager in Negreşti-Oaş. Während sich in den hübschen, geheizten Nobelhäusern die Portemonnaies durch die Erdbeerpflücker ständig füllen und neben Teppichen und Wandbehängen auch tüchtig bunte Träume gewebt werden, bläst den Alten in ihren kleinen Gärtchen am Stadtrand der »kalte Wind durch den Geldbeutel«, wie ein rumänisches Sprichwort sagt.

Lucia gehört zur Fraktion der Traumweberinnen. In ihrer feinen Kaffeerunde im Herzen von Negreşti-Oaş kursieren die wildesten Gerüchte. So soll es, laut den Schilderungen ihrer Freundin Tanţica, im Westen Männer geben, die allein durch Testschlafen ihr Geld verdienen. Die Testschläfer würden von Reiseunternehmen dafür bezahlt, dass sie die Matratzen in Hotels am Mittelmeer tüchtig beturnen, die Federbetten bespringen und

Sofas zu Testzwecken beschlafen. »Die hüpfen dann auf dem Kanapee umher wie wild gewordene Kinder, stell dir das mal vor und kriegen auch noch Geld dafür!« Andere Männer würden, so die dank reichlicher Kuchenzufuhr recht rundlich gewordene Gabriela, als Eintänzer auf Ozeandampfern alleinstehende Damen zum Überseetanz auffordern, zum galanten Tango oder gar zum flotten *sîrba*. Worauf eine ebenso rundliche Frau, die sich Beatrice nennt, lauthals protestiert, kein Mensch kenne auf einem westlichen Kreuzfahrtschiff den rumänischen Nationaltanz *sîrba*.

Ob Eintänzer, Testschläfer oder Papstmünzenverkäufer, alle Männer (aber auch die Frauen), die in der Fremde ihr Geld verdienen, werden in Rumänien *căpşunari*, also Erdbeerpflücker, genannt. Der Name bezieht sich auf die ersten Rumänen im Ausland, die in den frühen Neunzigern zuerst auf den riesigen Erdbeerfeldern in Spanien eine Anstellung fanden. Seitdem heißen alle Arbeiter in der Fremde – die regelmäßig Geld nach Hause schicken und mit mittlerweile drei Milliarden Euro im Jahr nicht unwesentlich zur wirtschaftlichen Stabilität Rumäniens beitragen – Erdbeerpflücker.

Das Zauberwort Erdbeerpflücker ist aber nicht nur zu einem Synonym für den Arbeiter im Ausland geworden, sondern bezeichnet auch den Traum all derer, die in Bukarest und Constanţa, in Arad und Timişoara von einer fernen, einer besseren Welt träumen. »Căpşunarien« – das Land der Sehnsucht, das Erdbeer-, Kiwi-,

Pfirsichland, das Land, in dem die Menschen das Geld gleich von den Bäumen pflücken. Die Kaffeekränzchenwelt der Frauen aus Negreşti-Oaş träumt sich hinein in dieses Schlaraffenland, in dem einem die gebratenen *sarmaluţe* (die rumänischen Krautwickel) in den Mund fliegen, wo es Berge aus goldgelbem *mămăligă* (Maisbrei) gibt und der Pflaumenschnaps vom Arzt auf Rezept verordnet wird oder gar aus dem Wasserhahn tröpfelt. Einer Arbeitswelt, in der man auf Kiwiplantagen in Italien oder besagten Erdbeerfeldern in Spanien spazieren geht und dabei sein Geld wie im Schlaf verdient.

»Gheorghe war auch Testschläfer«, sagt Maria, eine ehemalige Lehrerin. »Doch der hat nicht die Matratzen besprungen. Schon gar nicht mit einer Frau, wie ihr vielleicht denkt. Der ist morgens mit einem Helm auf dem Kopf und Kabeln am Schädel aufgewacht. Der hat sein Geld wirklich hart und ehrlich im Schlaf verdient. Das ist kein Witz. Aber, so hat er geschrieben, sie hätten ihm vor dem Einschlafen noch ein Medikament gegeben, damit er besser einschlafe, und das sei dann gleich mitgetestet worden, das Medikament, in einem Abwasch sozusagen – ob es gut wirkt.«

Fragt man die Frauen der Erdbeerpflücker, wieso sie nicht bei ihren Männern im westlichen Schlaraffenland seien, so bekommt man zur Antwort, schließlich müsse ja jemand das Haus hüten, bis die Männer zurückkämen, mit den Taschen voll Geld.

»Die Männer, die kommen niemals zurück,

haben längst andere Frauen, haben Kinder in Italien, Spanien oder Österreich«, sagt Mirela, eine siebzigjährige, zahnlose Frau. Sie gehört nicht zu den Damen des Kaffeekränzchens, sondern kommt vom Holzhacken aus dem nahen Wald. Mirela hat den schweren Leinensack mit den Holzscheiten, den sie eben noch geschultert hatte, am Rand der Hauptstraße, die den Ort der Länge nach teilt, abgesetzt. Sie gehört zur anderen Frauenfraktion des Dorfes, zu derjenigen, die die Dinge hinterfragen, sich wundern und sehr hart arbeiten müssen. »Während ich mir meine Rübchensuppe und den Maisbrei mühsam erackern muss, glauben die Frauen in den zentral geheizten Häusern mit ihren schalldichten Thermopanfenstern immer noch an den Moş Crăciun, den Weihnachtsmann.« Was sie von diesen Frauen halte? Mirela sagt nur: »Gura de miere, inima de fiere« – Honigmund und Gallenherz.

Auch sonst gebraucht Mirela eine an Metaphern reiche Sprache. Traumweberinnen nennt sie die auf ihre Männer wartenden Frauen.

Ob man im Westen wirklich als Schneckenzüchter, Weintester oder Parfümeur, als Croupier oder als Gastrokritiker sein Geld verdienen kann, möchte sie plötzlich von mir wissen. Doch selbst als ich das bejahe, schüttelt sie den Kopf. Sie glaube nicht an so einen Unsinn, an all das, was die Männer hier früher erzählt hätten. Von denen sei zumindest keiner ein Gastrokritiker oder Schneckenzüchter gewesen. Viele der Männer hätten sich in die wildesten Geschichten verstiegen und seien, sobald die bittere Wahrheit durchzusickern begann, schließlich gar nicht mehr nach Hause zurückgekehrt. Anfangs wahrscheinlich aus Scham. Später dann aus »familiären Gründen«.

Die ersten rumänischen Männer, die aus der Fremde heimkehrten, so Mirela, mussten ihren Frauen verschweigen, dass sie eigentlich Rentnern auf Mallorca die Ärsche abwischten oder durch rattenverseuchte Kanalisationsrohre in Paris oder Rom krochen, um ihre stinkenden Kröten zu verdienen.

»Die Männer aus unserer Stadt waren dabei, ihre Ehre zu verlieren, verstehen Sie das? Mein verstorbener Mann hat mir im Suff alles erzählt, auch das, was die anderen in der alten Kneipe an der Ecke vor Jahren ausplauderten. Ist gut, dass diese Männer nicht wiederkommen. Wer möchte sich schon der Schmach und der Schande aussetzen und fortan als Dorfkakerlake bezeichnet werden.«

Immer seltener seien die sogenannten Erdbeerpflücker zurück nach Rumänien gekommen. Irgendwann nur noch einmal im Jahr, um an ihren Villen weiterzuarbeiten. Sicherlich hätten einige von ihnen aus der Not heraus anfangs ihr Geld auch durch Zapp-Zarapp verdient. Die alte Mirela betont das Wort sehr lautmalerisch und macht eine flinke Drehbewegung mit der Hand, um anzudeuten, durch welche Fingerfertigkeit es zum plötzlichen Reichtum des Ortes Negreşti-Oaş gekommen war.

Sicher säßen auch heute noch einige dieser

Dummköpfe im Gefängnis, doch, so sei in der Stadt zu hören, die meisten Männer von Negreşti-Oaş gingen nun einer regelmäßigen und ehrlichen Arbeit in Chicago oder Irland nach. So genau allerdings wisse das niemand. Die zahnlose Mirela macht ein Kreuzzeichen.

Sie lädt mich auf ein Stück *cozonac*, einen Zopfkuchen, in ihr Haus ein. Der Zopfkuchen sei so schön weich, einen Zahnarzt und ein Gebiss könne sie sich schließlich nicht mehr leisten. Mirela ist sehr abergläubisch. Wenn man über sie schreibe, solle man bitte deutlich machen, dass dieser Aberglaube ihrem orthodoxen Glauben durchaus nicht im Wege stehe. Ihr Schutzheiliger, der heilige Georg, habe nichts gegen Aberglauben. Mirela hat ihn als Ikone gleich neben den Wandteppich über das Bett und den kleinen Ofen gehängt. Die Farbschicht des Heiligengesichtes ist an einigen Stellen schon weggeküsst. Mirela liebt ihre Heiligen, flucht niemals in der Nähe von Brot oder Bienen, meidet Menschen mit zusammengewachsenen Augenbrauen.

Stolz zeigt sie, wie sie zum Kirchgang geht, zeigt ihre weißen, mit gestickten Blumenmustern verzierten Blusen, die gestreiften Kopftücher, ihre bunt verzierten Pelzwesten und eine buntwollige, zweiteilige Schürze. Am Hals trägt sie an Feiertagen mehrere Reihen glitzernder Glasperlen und Kettchen aus Münzen und kleinen Kreuzchen.

Ihre drahtige, kleine Figur tritt in den spätherbstlichen Garten hinaus, wo sie sogleich eine Schimpfkanonade auf die Zigeuner loslässt, die ihr wieder ein Huhn gestohlen hätten. Im Laufe ihres nicht enden wollenden Wortschwalls bemerke ich, wie sie Spaß am Erzählen gewinnt, selbst traurige Inhalte mit rankenden Metaphern, Sprichwörtern und Volksweisheiten ausschmückt. Mirela läuft zur erzählerischen Hochform auf. Ihre Hände tanzen durch die Luft, der kleine Körper wippt unterstützend dazu.

Leider könne ihr Mann ja nun keine abschreckenden Vogelscheuchen mehr bauen. Vor denen hätten selbst die Zigeuner Respekt gehabt. Hätte sie eine Flinte, würde sie eigenhändig »ein wenig Blei in die Allerwertesten der Hühnerdiebe gießen gehen«. Mirelas sehnige Hände sind von zahlreichen kleinen Narben bedeckt und von einer Arthrose versteift. Dennoch greift sie in die Luft und vollführt eine geschickte Spannbewegung mit einer gedachten Flinte, drückt ab und spielt den Rückschlag. Auf Nachfrage, was sie alles noch selber mache, erfolgt eine erneute Pantomime. Als gespielten Stummfilm sieht man, wie sie wäscht, mit einem Beil den Truthahn schlachtet. Sie macht immer noch den gesamten Haushalt, wäscht alles noch mit den eigenen Händen, kehrt den kleinen Hof, bedient den Ziehbrunnen. Nur das Pferd musste sie verkaufen. Auch die Schweine Mathilda und Lina werden demnächst geschlachtet.

Etwas verstört verlasse ich die Stadt der Frauen. Die Erdbeerpflücker werden mir sicherlich als sehr abwechslungsreicher Beruf in Erinnerung bleiben. Doch der finanzielle Segen, der sich daraus ergibt, geht oft unergründliche Wege.

Goldrausch in den Roten Bergen

Die feindlichen Lager von Roşia Montana

Der Beitrag des rumänischen Fernsehsenders *Pro TV* zeigt eine bizarre Mondlandschaft. Schlimme Bilder einer Naturkatastrophe vielleicht, riesige Krater, ausgewaschene Erde. Eine rotbraune Brühe fließt einen Berg hinunter. Eine unwirtliche Geisterkulisse, ohne Menschen, kaputte Natur, unbewohnbar. Erst allmählich wird deutlich, dass dieser Ort mitten in Rumänien liegt. Der Reporter aber klagt nicht an, im Gegenteil. Froh erhebt er die Stimme, macht klar, dass es sich hier um wertvolles industrielles Gebiet handelt. Die Schätze des Bodens kämen den Menschen der Gegend unmittelbar zugute. Mit dem Gold der Berge von Roşia Montana und Bucium könnten die Bewohner des Apuseni-Gebirges auf Jahre hinaus ihre Zukunft sichern. Eher beiläufig wird erwähnt, dass annähernd zweitausend Menschen den Goldgräbern weichen müssen. Man zeigt neue Häuser, eine Schule, neu gepflanzte Bäume.

Die Stimme des Fernsehsprechers klingt eigentümlich euphorisch. Angesichts der Tatsache, dass für den Abbau des Goldes massenhaft Cyanid eingesetzt wird, fünf Berge in einem Naturschutzgebiet abgetragen, archäologische Grabungsstätten gefährdet, zehn Kirchen und zwölf Friedhöfe zerstört und zwei wunderschöne Täler auf immer mit einer Brühe aus giftigem Schlamm aufgefüllt werden, ein Skandal. Ein im heutigen Europa undenkbarer Wahnsinn.

Als ich das erste Mal in die Gegend um Abrud kam, um für einen Reiseführer nach touristischen Möglichkeiten in den Bergen von Bucium zu recherchieren, wurde ich überall freundlich abgewiesen. Touristisch sei das Gebiet rund um Roşia Montana überhaupt nicht erschlossen, sagte mir der Bürgermeister der Gemeinde Câmpeni. Es gebe kein einziges Hotel, keine Pension im Umkreis von fünfzig Kilometern. Außerdem habe die kanadische Goldminengesellschaft den Bau von Hotels in dieser Region verboten. Laut Gesetz darf in einem industriell genutzten Gelände keine Pension gebaut werden. »Wer will schon in einer solchen Gegend Urlaub machen. Noch nicht einmal die Straße hinauf nach Roşia Montana ist befahrbar.«

Stimmt.

Stephanie Roth, die seit Jahren gegen die Pläne der kanadischen Bergbaugesellschaft Gabriel Resources kämpft und seit fünf Jahren in Roşia Montana wohnt, weiß den Grund. »Niemand hat hier ein Interesse, die steile Hoppelpiste zu asphaltieren. Und der Bürgermeister hatte von einem Tag auf den anderen einen neuen Geländewagen, der schafft das spielend.« Stephanie Roth macht mir klar, dass es in Rumänien eine eigentümliche Allianz gegen eine touristische Erschließung der Roten Berge gibt. »Natürlich, falls die Menschen mit eigenen Augen sehen, wie schön es hier ist, bekommen sie eine Ahnung davon, welche Katastrophe in den Roten Bergen eigentlich geplant ist.«

Das Geld, das am Gold der Karpaten verdient wird, käme nicht den Menschen in Roşia Montana zugute, sondern decke zuerst einmal die immensen Kosten der Probebohrungen. Der Gewinn fließe dann natürlich nach Kanada. Zurück bliebe eine vergiftete Mondlandschaft, abgetragene Berge, eine auf ewig zerstörte Natur.

Ich kenne die Gegenposition nicht, möchte mir gerne selbst ein Bild machen und statte der kanadischen Minengesellschaft Gabriel Resources einen Besuch ab. Dort freut man sich über jeden Journalisten, der »fair und wissenschaftlich objektiv« über den Goldabbau in Roşia Montana berichten möchte. Man setzt mich kurzerhand in einen Jeep und fährt mich hinauf zu den terrassenförmigen Kratern, an denen vor Jahren der Goldabbau bereits begonnen hat. Riesige Schaufelbagger rosten friedlich vor sich hin. Räumfahrzeuge und Raupen stehen hier oben sinnlos herum. »Die Umweltschützer haben das Projekt zwar vorerst zum Stoppen gebracht, aber wir können nach all den bereits getätigten Investitionen und Probebohrungen auf keinen Fall aufgeben.« Das wäre ökonomisch absurd, sagt man mir.

Von oben hat man einen herrlichen Blick auf die bewaldeten Berge von Bucium, die es bald nicht mehr geben soll. Eiben, Buchen und Eichen gedeihen hier. Ein kleiner Wasserfall ist in der

Ferne zu sehen, an den Hängen der Almwiesen weiden Schafe. Hier, wo Frauenschuh und Königsblume zu Hause sind, fällt es schwer, an eine Abräumhalde zu denken. Hinter der vor uns liegenden Bergkette liegt das berühmte Narzissenfeld, ein botanisches Wunder, das als Poiana de Narcise auf den meisten Landkarten Rumäniens verzeichnet ist.

Oben auf dem höchsten Aussichtspunkt treffen wir Seit Meka. Er ist ein smarter Landschaftsdesigner der kanadischen Firma, der ohne mit der Wimper zu zucken seine Pläne verkündet. Das idyllische, vor uns liegende Corna-Tal soll mit kontaminiertem Sand aufgefüllt und eingeebnet werden. Cyanid-Sand wäre das dann, der nur durch einen gewaltigen Staudamm daran gehindert würde, weiter in die tiefer liegenden Täler zu fließen. Die Errichtung eines solchen Staudamms wäre natürlich eine gigantische Investition, die man als kanadischer Investor für die Zukunft Rumäniens jedoch gerne in Kauf nähme.

Als nächstes fährt man mich in das neu erbaute Dorf Piatra Alba, in dem die umgesiedelten Menschen der Gemeinde Roşia Montana später allen nur erdenklichen Luxus haben sollen. Doch noch ist kein einziges Haus zu sehen.

Der vierzehnjährige Sohn des Straßenbauers Marco Blesan fährt in einem neuen Nissan an uns vorbei. Natürlich besitzt er keinen Führerschein. Aber die Gesetze werden hier unterschiedlich ausgelegt. Er darf die neu asphaltierte Straße nach Piatra Alba einweihen, den Ort, in den bald die ersten fünfzig Familien einziehen sollen. Besonders stolz ist man auf die zukünftigen unterirdischen Parkplätze. Klar, im Winter hat es hier schnell einmal minus fünfundzwanzig Grad, da freut sich der künftige Autofahrer über die Tiefgarage im Fels des Apuseni-Gebirges. Die dazu nötigen Sprengungen im Naturschutzgebiet verschweigt man gerne. Hier wird geklotzt, nicht gekleckert, das ist klar. Man möchte Tatsachen schaffen, die sich so schnell nicht wieder aus der Welt schaffen lassen. Man weist mich noch auf drei Pinien hin, die man verschont hat. Rechts davon soll eine nach ökologischen Gesichtspunkten errichtete Kirche entstehen.

»Fünfzigtausend Bäume werden vernichtet und drei Pinien gerettet.« Stephanie Roth versteht diese Logik nicht. Viele ihrer Mitstreiter im Ort wollen ihre Häuser nicht an die Goldabbaugesellschaft aus Kanada verkaufen. Keiner kann sie dazu zwingen. Doch über achtzig Prozent haben der Macht des Geldes bereits nachgegeben.

Stephanie Roth und ihr stärkster Partner im Kampf gegen die Vernichtung der Wälder und Dörfer, der Schäfer Eugen David, organisieren oben in den Bergen über Roşia Montana seit drei Jahren das *Fân*-Fest (Heu-Fest). Über zweitausend Besucher aus ganz Rumänien kamen im Sommer 2007 auf die Berghänge, um zu feiern, zu tanzen, um sich für einen sanften Tourismus und gegen die Vernichtung der Landschaft zu engagieren. Die jungen Menschen aus ganz Rumänien, Musik, Tanz, Literatur und Kunst sind den Goldminenbetreibern allerdings ein Dorn im Auge. Eine Sprecherin von Gabriel Resources sagte mir, so etwas wie ein Musikfestival habe es in den Bergen von Roşia Montana traditionellerweise noch nie gegeben, es sei, schlicht und ergreifend, ein Unfug, so etwas wie Musik »dorthin zu verpflanzen«.

Der Schäfer Eugen David nimmt kein Blatt vor den Mund. Die Berge um Roşia Montana und Bucium gehörten zum Schönsten, was Rumänien an unberührter Natur zu bieten habe. In der Schweiz, Österreich oder Deutschland wäre es undenkbar, ein Naturschutzgebiet durch eine ausländische Firma ausbeuten zu lassen und nichts als eine Mondlandschaft aus giftigen Schlacken, cadmiumverseuchten Bächen, unbewohnbaren Halden und einen stinkenden Sumpf aus Korruption und Erpressung zurückzulassen.

Immer mehr Familien in Roşia Montana denken ähnlich und bieten Besuchern mittlerweile Unterkunft und Verpflegung an. Einige Schäfer und Bauern haben inzwischen den Mut, anstatt von Umsiedlung von Vertreibung zu sprechen. Die Einwohner, die sich für den Erhalt der Landschaft einsetzen, haben sich in einer Initiative zusammengeschlossen, die sich »Der goldene Weg« nennt. »Wenn mehr Touristen kämen«, sagt mir die Landwirtin Marcela Bala, »würde ich mich wirklich freuen. Ich habe immer ein Bett für sie bereit. Vielleicht können sie uns helfen, wenigstens die Narzissenfelder zu retten.«

Die Träume des Herrn Dracula

Die Hoffnungen der Bürger von Bran

Die Fahrzeugkolonne des rumänischen Präsidenten Traian Băsescu hat freie Fahrt, obwohl die transsilvanische Straße ziemlich verstopft ist. Genau zwölf Edelkarossen werden von Polizisten an der seit über einer Stunde wartenden Autoschlange vorbeidirigiert. Sicherheitshalber ist bei allen Ausflügen des Präsidenten ein riesiger Ambulanzwagen dabei, der plötzlich beschleunigt und mit eingeschaltetem Blaulicht im Höllentempo zur Burg von Bran vorbeirauscht, ganz so, als sei tatsächlich ein Notfall eingetreten. Blutkonserven habe man heute jedenfalls genügend dabei, witzelt einer der am Straßenrand postierten, mit einem kleinen schwarz-roten Vampiranstecker versehenen Sicherheitsbeamten. Er spielt damit auf den Beinamen der ehemals von Kronstädter Sachsen erbauten Burg an, die bereits in den siebziger Jahren von den kommunistischen Herrschern als Draculaschloss vermarktet wurde.

Tatsächlich gleicht die auf einem Felsen, am Rande der Südkarpaten thronende Festung, die auf Deutsch Törzburg genannt wird, mit ihren Zinnen und Türmen genau dem Bild, das die literarische Vorlage eines Bram Stoker oder die filmische Version eines Francis Ford Coppola in uns heraufbeschwört. So und nicht anders stellt man sich die schaurige Trutzburg des blutdürstigen Grafen Dracula vor. Eine von tiefschwarzen Karpatenwäldern flankierte, erhabene Wohnstatt, zu der grimmige Kutscher ihre schnaubenden Rösser hinaufpeitschen und von deren Zinnen sich der Fürst der Finsternis gelegentlich, in neuer lebensverlängernder Mission, ins darunterliegende Dorf hinabschwingt.

Die Bürger der Gemeinde Bran haben sich längst mit den Legenden arrangiert, schließlich leben sie nicht schlecht vom Image ein »Ort entsetzlichen Grauens« zu sein. Jeden Tag errichten Schäfer, Schnapsbrenner und Spielwarenhändler unten, am Fuße der Burg, ihre Verkaufsstände, an denen es neben rot eingefärbtem Likör (ein Antiserum gegen Vampirbisse) auch kleine aufziehbare Plastikfledermäuse zu kaufen gibt, die den Besuchern hektisch um die Köpfe flattern. Gelassen gehen die Schäfer aus den Bergen selbst auf die skurrilsten Wünsche japanischer Touristen ein, hängen sich für ein Foto Knoblauchgirlanden um den Hals, nehmen ein Plastikgebiss mit überlangen Eckzähnen in den Mund oder stellen sich tot, indem sie sich, gegen ein kleines Entgelt, in einen viel zu engen, dafür aber luxuriös ausgepolsterten Sarg legen, dessen Deckel sich plötzlich schließt.

Eine orthodoxe Nonne steht etwas verloren am Rande der Buden des Souvenirmarktes und sammelt in einem Plastikbecher Geld für ein in Planung befindliches moldauisches Kloster. Ein amerikanischer Geschäftsmann lässt sich von einem rumänischen Maskenbildner eine täuschend echte Narbe ins Gesicht schminken.

Englische Touristen haben der ehemaligen Lehrerin Maria Dragusin vorgeschlagen, es doch einmal mit Blutorangenmarmelade zu versuchen. Wunderbare Geschäftsidee. Alles, was auch nur im Entferntesten mit Blut, Zähnen, Vampiren, Särgen, Knoblauch, Werwölfen oder dem untoten Grafen zu tun hat: Im Dorf Bran boomt das Geschäft mit dem Horror. Hunderttausende steigen jedes Jahr die engen Treppen zum ehemaligen Zimmer der habsburgischen Prinzessin Ileana hinauf und suchen im Schlosshof nach geheimen Verliesen. Das Draculaschloss ist längst die Nummer eins unter den touristischen Attraktionen Rumäniens. Und so soll es auch bleiben.

Doch es gibt ein Problem.

Vergil Moja aus dem Dorf Bran lächelt nie. Auch nicht, als Präsident Băsescu an seinem Stand vorbeikommt, um ihm die Hand zu schütteln und ihn fälschlicherweise Virgil nennt. Unzählige Male wurde der Händler schon von Touristen fotografiert, auch in einigen Reiseführern ist er verewigt. Längst ist er eine kleine Berühmtheit. Der Grund: Moja kann einmalig finster dreinschauen. »Der passt genau hierher«, sagt ein Besucher aus Erfurt und zückt sofort die Kamera. Seit fünf Jahren verkauft Vergil Moja zwischen der Burg und dem Rathaus seinen selbst gebrannten *palinca* und seine Spezialität, Schafskäse in Tannenrinde. »Habe noch keinen Tag gefehlt«, sagt er grimmig. Dass er nicht lachen könne, sei ein Gerücht, natürlich könne er das, doch das Lachen sei ihm spätestens am 26. Mai 2006 endgültig vergangen, daran könne auch ein lächelnder Präsident Băsescu wenig ändern. Der Tag, an dem Dominic von Habsburg, einer der letzten Nachfahren der alten Königsfamilie, gemeinsam mit Kulturminister Adrian Iorgulescu die Rückgabeurkunde für die Törzburg unterzeichnete, habe das ganze Dorf in einen Schockzustand versetzt.

Anfangs, so Vergil, begrüßte man den neuen Besitzer des Schlosses, den netten weißhaarigen Herrn von Habsburg ja noch mit Applaus und nannte ihn »Eure Hoheit«. Schließlich musste er die Burg, nach der Enteignung durch die Kommunisten im Jahr 1948, als zehnjähriger Bub verlassen. »Es muss damals ein großer Schmerz für ihn gewesen sein. Einfach in den Sonderzug gesetzt und ab über die Grenze. Er hat schöne Reden gehalten im vorigen Jahr, den Bürgern gedankt und Hoffnung gemacht«, sagt Vergil Moja und zwirbelt dazu an seinem mächtigen Schnäuzer. Habsburg wolle sich nicht rächen, habe es im Dorf geheißen, obwohl bereits seiner Mutter, der Domniţa Ileana (Prinzessin Ileana), der Dracularummel, den die Kommunisten um die Burg auf dem steilen Felsen entfacht hatten, fürchterlich auf die Nerven gegangen sei.

Man ahnte nichts Böses damals, als von Habsburg den Bürgern Brans mit der Rückgabeurkunde zuwinkte, zumal der rumänische Staat sich ein Vorkaufsrecht für die Burg in den Vertrag schreiben ließ. Drei Jahre lang bliebe so zumindest alles beim Alten, dachte man. Doch plötzlich sei Dominic von Habsburg mit immer abstruseren Forderungen an die Bürger von Bran herangetreten. »Über sechzig Millionen Euro verlangte er diesen Sommer von den rumänischen Machthabern. Das ist eine ziemlich gewaltige Summe, die man beim besten Willen in Rumänien nicht für eine alte Burg verlangen kann.«

Vergil Moja schwankt wie viele seiner Mitbürger in Transsilvanien zwischen den Bezeichnungen Burg von Bran und Draculaschloss, je nach Kontext und je nach Notwendigkeit. Fluchend wendet er sich wieder dem Verkauf seines Käses und Schnapses zu. Allein die Worte »Raffzahn Abramowitsch« murmelt er noch in seinen Bart. In Bran weiß jeder, dass der Burgherr Dominic von Habsburg sowohl mit potenten amerikanischen Investoren als auch mit dem russischen Oligarchen Roman Abramowitsch über den Ausbau der Burganlage zu einem Hotel verhandelt hatte. Für die Bürger von Bran ist die Vorstellung undenkbar, die rumänische Marke Dracula in amerikanischen oder russischen Händen zu wissen. Denn für sie ist klar, der zukünftige Eigentümer der Burg Bran hat die Lizenz zum Gelddrucken. Weltweit.

Alle Produkte im Namen Draculas verkaufen sich gut und der Graf ist in Rumänien allgegenwärtig. Eine Zeitung namens *Dracula* ist mittlerweile landesweit an jedem Kiosk zu haben und gibt der Sehnsucht nach Mysteriösem einen recht weiten Rahmen. Esoterik, Ufologie, Wunderheilungen, Tantra und Grusel bilden hier gemeinsame Schnittmengen.

»Darf sich eine wässrige Suppe, in der sich kein Gramm Hühnerfleisch befindet, über die allenfalls einmal ein Huhn geflattert ist, Hühnersuppe nennen?«, fragt Vergil Moja und streicht sich wieder sanft über den Schnurrbart. Die Zeitung namens *Dracula* habe so viel mit Dracula zu tun wie eben jene wässrige Suppe mit einer kräftigen Hühnerterrine.

Was Moja jedoch verschweigt: Die Vorlage für den Draculamythos, jener finstere Walachenfürst namens Vlad Ţepeş, den sie auch »der Pfähler« nannten, hat auch mit der Burg von Bran recht wenig zu tun. Der für seine grausamen Foltertechniken bis hinauf nach Irland berüchtigte Vlad »Dracul« Ţepeş hat auf seinen Feldzügen gegen die Türken vielleicht einige Nächte in der Burg Bran geschlafen. Mehr war da nachweislich nicht.

Den Händlern am Fuß der Burg ist das egal. Weit über tausend Arbeitsplätze hat man dem Mythos Dracula in Bran zu verdanken. Im Sommer und Herbst flattert Draculas schwarz-roter Mantel als Drachen am Seil von Kindern am transsilvanischen Himmel. Gelegentlich starten riesige Fledermaus-Gleitschirme für eine Werbeverkaufsschau vom steilen Burgfels Dietrichstein. Lichtscheue Nachtgänger fliegen, gegen alle Logik der Vampirologie, unter den Strahlen einer gleißenden Sonne hinab ins Dorf.

Der Käsehändler Vergil Moja sitzt nach wie vor versteinert auf einem kleinen Schemel und verfolgt das Spektakel, das sich um seinen Tisch abspielt. Der Draculamarkt ist sein Leben, eine Welt, die er nicht verlieren möchte.

Präsident Traian Băsescu, der ehemalige Fregattenkapitän, ist die Treppen hinabgestiegen und widmet sich nach einer kurzen Ansprache im Prunksaal und einem schnellen Rundgang durchs Schloss nun wieder einer seiner Lieblingsbeschäftigungen: Lächelnd Hände schütteln. Seine Bodyguards haben viel zu tun an diesem Tag. Băsescu mischt sich gerne unters Volk, ist einer von ihnen, wie er sagt. Er ist beliebt. An einem der Verkaufsstände würdigt er kurz Klaus Kinskis finsteren Nosferatublick auf einer Frühstückstasse. Dann hebt er die Hand.

Zahlreiche Mikrofone werden ihm entgegengestreckt. Man habe, so Băsescu, auf seinen Vorschlag hin im Parlament eine Debatte um Denkmäler geführt, die nationalen Status besäßen. Die Burg Bran gehöre zweifellos dazu. In einer Abstimmung im Parlament habe man die Rückgabe des Schlosses Bran an die Habsburger für illegal erklärt.

Ein langer Jubel geht durch die Menge. Băsescu steigt in eine bereitstehende Limousine und verlässt gefeiert den Ort.

Unweit davon sieht man, bei genauem Betrachten, hinter großen Plastikflaschen voller Schnaps, die gewaltigen Zahnlücken des Vergil Moja. Er sitzt an seinem Verkaufstisch und grinst.

High Noon in Hermannstadt

Ein Aufeinandertreffen freier Menschen

Es schmettert und funkt in der frisch gebackenen Kulturhauptstadt Europas. Steffi aus der Schweiz ist voll in ihrem Element. In einem Innenhof der mittelalterlichen Oberstadt kracht der Hammer der Schmiedin mit wohlgesetzten Schwüngen auf den Amboss. Das Echo der Schläge dröhnt von den Wänden der Schauwerkstatt. Der von den Zimmerleuten angeforderte Rundnagel wandert kurz ins Feuer der Esse. Muss noch etwas gedehnt werden, etwas gewalkt, etwas gestaucht. Mit einem Zischen verschwindet der glutrote Nagel im Wasser. Keine leichte Arbeit in der Bruthitze dieses Sommers. Doch die kräftige, fröhliche Schmiedin strahlt. Sie liebt die körperliche Anstrengung, steigert sich mit ihrem Hammer in einen Schlagrausch hinein.

Deutsche Bundespräsidenten sehen so eine fröhliche Arbeitswut nicht alle Tage. Sichtlich beeindruckt steht Horst Köhler im Hof des Historischen Museums und greift zunftgerecht zum mit Bier gefüllten Stiefel. Eine hochrangige Delegation schlendert auf Einladung des Bürgermeisters Klaus Johannis durch die Labyrinthe der Oberstadt, bewundert die Kunstwerke von Rubens, van Dyck, Tizian und Cranach im Brukenthalmuseum, bestaunt den »Schwarzen Adler«, die älteste Apotheke Osteuropas und wirft einen Blick über die mittelalterlichen Dächer, Gassen und Arkaden der Unterstadt. Viele Deutsche und Österreicher bekommen beim Anblick der mittelalterlichen Stadt, die lange zur k. u. k. Monarchie gehörte, Heimatgefühle. Ganz selbstverständlich bestellt man sich in der Gaststätte ein Schnitzel, das in Rumänien genauso heißt, aber *şniţel* geschrieben wird, und schlendert durch einen der vielen Verbindungstunnel, der auch in Rumänien *gang* genannt wird. »Man könnte meinen, man sei zu Hause«, ist aus dem Pulk der Politiker zu hören, und auch Horst Köhler scheint längst vergessen zu haben, dass er sich in Hermannstadt, dem rumänischen Sibiu, einer Stadt unweit der Karpaten befindet, als ihn eine Rumänin mit einem fröhlichen *Servus* begrüßt, einer in Rumänien durchaus üblichen Anrede und Verabschiedung.

Den hohen Staatsbesuch kaum beachtend, werkeln über zwanzig freischaffende Wandergesellen und -gesellinnen weiter in den Werkstätten rund um den gepflasterten Museumshof und schleppen Holzbohlen zum ersten europäischen Zunfthaus, dem Casa Calfelor, das hier gleich um die Ecke, am Piaţa Huet, entstehen soll. Diesen Sommer wuselten über achtzig Fassmaler, Zimmerer, Goldschmiede, Maurer, Töpfer, Schreiner und Buchbinder rund um die evangelische Stadtpfarrkirche. Ein französischer Wandersgeselle in schwarzer Schlaghose und gebauschtem kragenlosen weißen Hemd steht im Torbogen neben der historischen Gesellenherberge und diskutiert mit einem freireisenden Zimmermann unter breitkrempigem Riesenschlapphut gestenreich über den Zuschnitt einiger Holzbalken.

In ihrer traditionellen Kluft und mit ihrem selbstbewussten Auftreten erinnern die beiden Gesellen auf der Walz sehr an die *haiduci*, die rumänischen Räuber früherer Zeit, deren Freiheitszeichen, die breitkrempigen, großen Hüte mit Feder, man auch heute noch auf den sommerlichen Mittelalterfesten in Sighişoara (Schäßburg) und Şibiu zwischen Feuerspuckern und Lanzenreitern bewundern kann.

Der *haiduk*, die rumänische Variante des stolzen, frei in den Wäldern lebenden Räubers, der in der Manier Robin Hoods die Reichen bestiehlt und die Armen beschenkt, genießt in Rumänien als Kämpfer für Freiheit und Gerechtigkeit einen ähnlich hohen Stellenwert wie ein Schinderhannes, Andreas Hofer oder Wilhelm Tell in Mitteleuropa.

Was aber um den Karpatenring kaum jemand ahnt, ausgerechnet in Rumänien, wo der Mann es gewohnt ist, im Mittelpunkt seiner Welt zu stehen, kämpften auch weibliche Räuber gegen die Leibeigenschaft, gegen die Ungerechtigkeit der Adligen und Großgrundbesitzer. So hat der Schriftsteller Panait Istrati einer von ihnen als Floarea Codrilor (Blume des Waldes) ein literarisches Denkmal gesetzt und der Welt der wilden, ungestümen Gesellen, die in Bärenhöhlen leben, ganz bewusst eine hingebungsvolle, sensible und intelligente Anführerin zur Seite gestellt.

In der Räuberwelt, in der Welt der freien Menschen, galt seit jeher, je größer der Hut, je breiter die Hutkrempe, desto größer der Grad der Freiheit. Auch einige männliche Wanderzigeuner, die den Status der Leibeigenschaft frühzeitig verlassen durften, allen voran die Kupferschmiede, machten sich die Markenzeichen der Freiheit, den breitbeinigen Gang und den breitkrempigen Hut schnell zu eigen. Heute sieht man sie selbstbewusst mit schwarzen Schnurrbärten, überdimensionierten Hüten und eben jenem unverkennbaren Cowboy-Gang auf dem zentral gelegenen großen Ring, dem Piaţa Mare, der Fußgängerzone, oder neben der herausgeputzten gusseisernen Lügenbrücke von Hermannstadt.

Und eben diese Hüte sieht man im Sommer 2007 auch auf den Köpfen der Wandergesellen und frei reisenden Handwerker, die den Besuchern in ihren Schauwerkstätten zeigen, wie man mit viel Aufwand in traditioneller Art Nägel schmiedet, Klaviere baut, Bücher bindet, Dachstühle zimmert und Kacheln brennt.

Eine besondere Hut-Konstellation ist das in diesem Sommer 2007. Und so kam es, wie es kommen musste.

Der Baukeramiker Eric legt noch letzte Hand an die selbst gebrannten Fliesen im Zunfthaus und träumt davon sich in Hermannstadt »festzuküssen«, wie er sagt. Ein anderer Geselle macht nach einem kühlen Bier noch die Runde durch die Innenstadt. In der Fußgängerzone, der Strada Bălcescu, kommt dem Zimmermannsgesellen auf gleicher Höhe ein Kalderasch, ein Kesselflicker, mit breitkrempigem Hut und riesigem Schnauzbart entgegen.

Als sich der Wanderbursche und der Zigeuner begegnen, erinnert die Szene sehr an einen Wildwestfilm. Beide gehen breitbeinig, haben trotz großer Hitze dicke schwarze Westen an, dazu ein weißes, an den Armen aufgebauschtes Hemd und einen großen schwarzen Hut. Der Wandergeselle setzt seinen *stenz*, den Wanderstab, wirkungsvoll ein. Der Zigeuner seine frei schwingenden Arme. Sie beäugen einander, wie die letzten ihres Stammes. Als sie schließlich direkt in der Fußgängerzone voreinander stehen, beginnt ein kurzes Gespräch, das aber bald erfolglos abgebrochen wird.

Dann deuten beide einen Pistolenhalfter an, ziehen mit ihren Händen imaginäre Revolver und lachen. Highnoon in Hermannstadt. Die Begegnung freier Bürger im wilden Osten.

Sie tauschen kurz die Hüte. Betasten sie. Lachen sich an. Der Zigeuner bestaunt die Perlmuttknöpfe des Zimmermanns und seine klobigen schwarzen Schuhe. Dann will er zum Ohrring greifen, was der Geselle mit einer klaren Geste ablehnt. Kurz legen sie die Arme auf die Schulter des anderen. Eine angedeutete Umarmung, eine Verbrüderung. Man versteht sich. Fehlt nur noch, dass sich die Bäuche berühren, aber das tun sie nicht. Eine kleine Zuschauermenge verfolgt inzwischen mit gebührendem Abstand staunend das Schauspiel.

Plötzlich bemerkt mich der Wandergeselle.

»Hey, Schreiberling. Wehe du erwähnst meinen Namen. Ich warne dich.«

Angesichts der wilden Rituale, die bei Vergehen der Wandergesellen zum schmählichen Rauswurf aus der Zunft und dem Abriss des Ohrrings, also zum bekannten »Schlitzohr«, führten, werde ich mich hüten.

Freireisende, Wandergesellen und Wanderzigeuner, eben die Freien dieser Welt, brauchen sich nicht anzubiedern. Freundlichkeit ist fehl am Platz. Und auch der Zigeuner wirft mir plötzlich böse Blicke zu, als hätte er sich heimlich mit dem Wandergesellen verbrüdert. Ich schlendere weiter aus der Innenstadt hinaus und mache mir so meine Gedanken über die freien Menschen.

Während ich zaudere, die stark befahrene Strada Andrei Şaguna zu betreten, überquert ein kleiner schwarzer Hund völlig selbstbewusst die Straße und erinnert mich unweigerlich an den berühmten Fernsehbeitrag, in dem Ulrich Wickert den Zuschauern einst zeigte, wie man die dicht befahrenen Champs Elysées zu überqueren habe, nämlich nicht nach rechts und links, sondern einfach nur stur geradeaus schauen und ab durch die Mitte. Ein freier Mensch dieser Wickert, ein freies Tier dieser kleine Hund, freie Menschen diese Zigeuner und Wandersgesellen. Ich überlege mir, wie sinnvoll solch ein breitkrempiger Hut wohl wäre, gegen diese unerträgliche Hitze. Morgen werde ich mir vielleicht einen kaufen.

Harababură

Neue Regeln im Sprudelbecken des rumänischen Alltags

Die Rumänen haben einen wunderbaren Namen für chaotische Zustände: *harababură*. Der deutsche Begriff »Durcheinander« vermag auch nicht ansatzweise das wiederzugeben, was der lautmalerische, aus dem Arabischen stammende Begriff *harababură*, auszudrücken vermag. Ein Zustand, roher, fassungsloser Urtümlichkeit. Eine chaotische Welt voller pfeffriger Einfälle, in der es wunderlich balkanesk und humorvoll zugehen kann. Diese kreativ verschrobene Welt mag manchen an das Maghrebinien eines Gregor von Rezzori oder die skurrile Dorfkneipe »Zum zerknitterten Traktor« des rumänischen Schriftstellers Dan Lungu erinnern. Doch nun sollen der bislang ungezügelten rumänischen Lebenslust im Eiltempo europäische Regeln aufgezwungen werden, was nicht nur Schildermaler und Übersetzer überfordert.

Beatrice Ungar, die Herausgeberin der deutschsprachigen *Hermannstädter Zeitung* zeigt mir ein Foto, das unweit der Stadt Reghin aufgenommen wurde. Darauf sieht man ein überdimensioniertes Schild mit der Aufschrift »Produs nealimentar« – »Keine Nahrungsmittel«. Das Hinweisschild steht direkt an der Straße, vor einem leeren Graben. Klar, das was man sieht, sind keine Nahrungsmittel. Ganz offensichtlich nicht. Man sieht ein großes Loch. Das ist Erde, das sind Steine, das ist Dreck. Keine Nahrungsmittel. Ein wenig weißes Pulver ist zu sehen. Kalk vielleicht. Hat man Angst, die Anwohner könnten denken, es sei Salz?

Auf der anderen Seite des Atlantiks kennt man ähnliche Ängste. Amerikanische Papierbecher mit Heißgetränken tragen die Aufschrift »Achtung heiß, bitte nicht kippen!« Die Rumänen scheinen nun, seit dem EU-Beitritt, zu ebensolcher Vorsicht zu neigen. Diese Erde, diese Steine bitte nicht essen – gut, dass man es jetzt weiß.

Zwei Wochen später komme ich an dem Schild in Sărmăşel-Gară vorbei. Eine aufgebrachte Menschenmenge versammelt sich, so sagt mir ein älterer Herr, nun täglich davor, um sich tüchtig aufzuregen. Über die Regierung, die gestiegenen Lebensmittelpreise und die neuen Regeln der EU. Endlich sei einmal etwas los im Ort. Die Presse sei ja auch schon da gewesen. Man habe jetzt eine Bürgerinitiative gegen solche Dummheiten gegründet, denn solche Schilder seien gefährlich. Einige Kinder hätten den Hinweis darauf bereits falsch verstanden und sich tüchtig die Münder mit Erde und Dreck beschmiert.

Die Bürgerinitiative »Gegen dumme Namen und Anweisungen« wird auch von Maria und Georg Ferenczi aus dem transsilvanischen Ort Fărăgău unterstützt. Übersetzt erinnert Fărăgău an das Rumänische »fără găuri«, »ohne Löcher«.

»... und wo findet man in Rumänien wohl die Straße mit den meisten Löchern?«, fragt mich

Georg völlig aufgebracht. »Natürlich in Fărăgău. Ist das nicht ein Irrsinn?« Nein, nein, natürlich wolle man, so Maria und Georg, nicht den Namen des Ortes ändern. »Die Löcher auf der Straße müssen weg, das ist alles.« Das Schild mit der Aufschrift »Dies sind keine Nahrungsmittel« ist im Sommer 2007 übrigens ein täglicher Versammlungspunkt der Bewohner von Sărmăşel-Gară geblieben. Keiner wäre auf die Idee gekommen, es zu entfernen.

Zurück in Hermannstadt bemerke ich, dass die Lust am lustigen Schildermalen mittlerweile eine ganze Generation von, ansonsten wohl beschäftigungslosen rumänischen Hobbygrafikern erreicht hat. »Don't step on me. It hurts.« steht auf dem Schild eines kleinen Möchtegernparks, einem der begehrten Schattenplätze der Stadt. Einige Picknickgruppen haben, wie jeden Sonntag, auf der Wiese gegenüber dem Hotel »Römischer Kaiser« Platz genommen. Kinder springen über das Gras, spielen Ball und laufen belustigt hinüber zur Zeichnung, die auf dem kleinen Warnschild zu sehen ist. Das Motiv ist von Weitem nicht zu erkennen, erst wenn man den Rasen betritt, sieht man gequält aufschreiende Grashalme, die gerade von einem Schuh mit sadistischer Fratze zertreten werden.

EU-Normen, neue Regeln, neue Bestimmungen, neue Dienstleistungen und neue Waren prallen in Rumänien auf traditionelle Maß- und Wertesysteme. An der Sollbruchstelle der Zivilisationen, dort wo die technisierte Welt des Westens mit Macht in die bukolischen Welten der rumänischen Wanderschäfer oder einfachen Bauern einbricht, gibt es noch keine gemeinsamen Schnittstellen. Handys werden als Dosenöffner zweckentfremdet, marmorne Sprudelbecken zu Waschschüsseln umfunktioniert.

Ich sah, wie eine Rentnerin aus dem Maramuresch ihre Wäsche gleich neben dem Plumpsklo, in einem überdimensionierten Jacuzzibecken aus Carraramarmor wusch. »Ein Geschenk meines Neffen, der nun in Ravenna lebt und arbeitet«, sagte sie. Natürlich hatte die alte Dame keinen Wasseranschluss. Aber einen Brunnen. So holte sie also das Wasser vom Ziehbrunnen und schüttete es ins glänzende Jacuzzibecken, dessen Abfluss mit einem dicken Maiskolbenstrunk verschlossen war.

Während sich das Auftauchen unbekannter Waschobjekte auf spielerisch kreative Art mühelos ins traditionelle Leben integrieren lässt, widersetzen sich immer mehr Rumänen überzogenen Forderungen, die tief in ihr bisheriges Leben eingreifen.

Ferenc Kövári ist solch ein Fall. Der dreiundsiebzigjährige Mann aus Remetea bei Târgu Mureş sträubt sich auf spektakuläre Art gegen eine angebliche EU-Verordnung des Bürgermeisters, der von heute auf morgen ein Verbot für Pferdewagen in der Innenstadt seiner Gemeinde verhängte. Als Begründung wurde der übermäßige Dreck genannt, den die Pferde hinterließen. Mehrmals mit hohen Strafen belegt, protestiert der rüstige Ferenc Kövári auf eine pfiffige Art.

Jeden Morgen geht Kövári von seinem Haus aus mit dem Pferdewagen bis an den Rand der Stadt und spannt dort sein Pferd aus. Zwei Neffen übernehmen das Tier. Der Alte ergreift dann die beiden Deichseln und zieht, unter dem Applaus der Passanten, den Wagen mit seinen bloßen Händen durch die Stadt. »Ich werde den Wagen so lange ohne Pferd aufs Feld ziehen, bis die Politiker sich auf eine andere Regelung geeinigt haben«, sagt Ferenc, »ich bekomme gerade einmal hundertzwanzig Euro Rente. Das reicht zwar für die Medikamente, die meine Frau benötigt, für viel mehr aber auch nicht.«

Weit über die Grenzen von Târgu Mureş hinaus ist Ferenc Kövári inzwischen als der Pferdemensch bekannt. Sein Protest berührt die Rumänen und hat in den Medien für hitzige Diskussionen gesorgt. »Der Pferdemensch spaltet das Land« titelte ein Boulevardblatt. In den Diskussionsrunden der Fernsehanstalten herrscht das übliche *harababură*. Alle reden wild durcheinander. Die neue Fraktion der Großraumwagenbesitzer prallt hier gnadenlos auf die Langsamen im Land, die Pferdebesitzer, die Schäfer und Ziegenhirten. Die Neureichen und Mächtigen haben die lauteren Stimmen, wollen die Beschleunigung, wollen Tempo, wollen Autobahnen. Auf den Straßen behindern die Bauern und Schafhirten den Fortschritt des Landes, heißt es.

Die Landwirte beschließen, sich in einer »Bürgerbewegung der Pferdemenschen« zusammenzuschließen, um gegen die »Diktatur der Raserei« zu protestieren und alte Traditionen zu bewahren. »Wir können von den französischen Bauern viel lernen«, sagt Ferenc Kövári, »die sind Spezialisten im Straßenblockieren. Das habe ich im Fernsehen gesehen.«

In den Labyrinthen der Schilfbürger

Reise in den wilden Osten Rumäniens

Allein aus kulinarischen Gründen ist das Donaudelta eine Reise wert. Lili, die Lippowanerin, schiebt den Wels in Lehmkruste mit dem Langschieber in das flackernde Feuer ihres Steinofens. Ihr Mann steht daneben und erklärt, wie er in seiner Jugend auf einem Weidenstecken aufgespießte, vorab gewürzte Brassen und kleine Karpfen im Donauschlamm wälzte, diese dann über dem Feuer grillte, bis eine schöne dicke Kruste entstand. Nach dem Aufbrechen der äußeren Hülle habe sich der wundervolle Duft ringsum ausgebreitet und man habe die anderen Jungs gar nicht mehr lange zu Tisch bitten müssen.

Lili und Mihai betreiben ein *Magazin Mixt*, einen besseren Kiosk in Murighiol, am Ende der befahrbaren Welt, wie sie sagen. Östlich gebe es nur noch die Steppe. Die Altarme, Seen, Sandbänke, Inseln und Auwälder finde man weiter im Norden. Doch das stimmt nicht, auf der Karte ist noch eine Straße verzeichnet, die im Osten viel weiter ins Delta reicht. Auch zwei kleine Ortschaften sind darauf zu sehen.

In Murighiol will man von dieser Straße nichts wissen. Der Wegweiser nach Dunavaţu de Sus ist so stark verwittert, dass man rein gar nichts mehr darauf lesen kann. Niemand hat hier ein Interesse, ihn auszutauschen. »Was wollen die Touristen dort hinten?«, fragt mich der Bürgermeister von Murighiol. »Eine richtige Straße gibt es nicht, der Zugang zum Wasser ist nur von unserem schönen Städtchen aus möglich und schlafen kann man hier wie in Abrahams Schoß. Da braucht man sich gar nicht mehr so weit durch die Wüste zu quälen.« Alles, was östlich von Murighiol liegt, nennt er verächtlich »die Wüste« oder in abgemilderter Form »die Steppe«, kann nur darüber lachen, dass Gigi Becali, der Besitzer des Fußballclubs Steaua Bukarest, im Delta zurzeit Land ohne Ende aufkauft.

Doch ich möchte zu gerne wissen, was sich Geheimnisvolles in dieser Steppe befindet und plane für den nächsten Tag die Fahrt in den Osten. Lili und Mihai warnen mich vor einem drohenden Achsbruch, sagen, ich solle genug Wasser mitnehmen. Auch in meinem Nachtquartier, dem zauberhaften Holzwunderbau namens Morena, geben sich wirklich alle die größte Mühe, mich noch für einige Tage und Nächte im Ort zu halten. Schön ist es hier, keine Frage. Der Besitzer des Morena, ein reizender Feingeist und Sammler edler Delta-Antiquitäten möchte sich zur »Steppe« nicht äußern. »Lieber nicht«, lächelt er, »warum sich Feinde machen? Wir sind hier alle eine große Familie.«

Die Sache wird allmählich spannend.

Auf dem Markt in Murighiol decke ich mich tags darauf mit Wasser, Käse, Obst und Kaffee ein. Wer weiß, was mir noch bevorsteht? Als ob ich es dringend nötig hätte, erteilt mir der Pfarrer des Ortes nach einem kleinen netten Plausch seinen hastig dahergesprochenen Segen. Anschließend geht er zu einem Händler mit riesigem Strohhut, kauft sich zwei Wassermelonen und trägt diese stolz, wie zwei riesige Brüste, vor sich her. »Das macht die Soutane schon seit Jahren so«, sagt ein Bauer, »scheint ihm wohl Spaß zu bereiten.«

Als ob sie sich heimlich mit dem Bürgermeister in Murighiol abgesprochen hätten, liegen am Ortsausgang zwei Esel mitten auf der Straße und rühren sich nicht von der Stelle. Meine rumänischen Bitten ignorieren sie gnadenlos und erheben sich erst, als eine alte Frau auf sie einredet. Die Alte betrachtet mich mitleidig von oben bis unten und geht dann mit einem Weihrauchschälchen zum Friedhof, um ihrer Eltern zu gedenken. Die Esel lassen mich endlich gnädig passieren. Ein letzter Halt bei Lili, der Lippowanerin, die mir überlebenswichtige Butterkekse zusteckt. Im Rückspiegel sehe ich ihren *Magazin Mixt* langsam verschwinden. Lili steht an der Straße und winkt mir mit einer Intensität zum Abschied, als würden wir uns nie wieder sehen. Ich bin auf dem Weg in die Steppe.

Das Klima macht den Menschen rund um Murighiol das Leben nicht gerade leicht. Die wenigen Ackerflächen können während der brütend heißen Sommermonate nur unter großen Anstrengungen mit Gemüse oder Getreide bepflanzt werden. Während der eisigen Winter frieren die Gewässer zu und im Frühling überschwemmt das

Hochwasser regelmäßig die Äcker, weicht die Dämme auf und hinterlässt nichts als Schlamm und Geröll auf den Feldern. Kein Wunder, dass man sich hier, am vermeintlichen Ende der Welt, über jeden Touristen freut. Die meisten Westler kommen auf dem begradigten Schnellwasserweg ins Delta. Von Tulcea aus geht es mit dem Speedboot nach Mila 23 oder Sulina am Schwarzen Meer. Die wenigsten Besucher befahren die mäandernde Strecke des südlichen Donauarms, auf der sich der Fluss jährlich neue Wege ins Meer sucht. Die wildromantischen Schleifen durchs Schwemmland bis Sfântul Gheorghe kosten einfach zu viel Zeit und wer hat die schon?

Am Ortsende von Murighiol bricht die neu asphaltierte Straße urplötzlich ab und geht in eine staubige Piste über. Links verschwindet das Halmyris-Kloster in einer dichten braungrauen Wolke, die ein entgegenkommender, bis zur Grenze seiner Tragfähigkeit mit Schilfrohr beladener Lastwagen aufgewirbelt hat. Teile der ungesicherten Ladung segeln ununterbrochen herunter, überall liegt auf den nächsten Kilometern Schilf auf der Strecke. Auf dem Weg nach Dunavaţu de Sus haben sich die Fahrer längst ihre eigene Staubpiste zugelegt, die um einiges besser befahrbar ist als die Schotterstrecke nebenan. Immer wieder kreuzt die kurvige wilde Sandschlange den eigentlich vorgesehenen geraden Weg, den niemand benutzt, den jeder ignoriert, den keiner haben will.

Dunavaţu de Sus (»Oberdunawatz«) war früher ein reiches Donaudeltadorf. Es lag direkt am Wasser, die Bewohner lebten vom Fischfang, bauten Wein und Äpfel in ihren Gärten an, hatten eine Schule, eine schmucke kleine Kirche. Als Ceauşescu auf die Idee kam, Teile des Deltas trockenzulegen, um dort Ackerbau und Viehwirtschaft zu betreiben, brach die Katastrophe über das Dorf herein.

Gleich nach meiner Ankunft im Ort führt mich der Kosake Stelian Ivanov durch seinen Vorgarten. »Vor dreißig Jahren gab es hier reichlich Schilf. Kaum hielt ich hier im Garten meine Angel in den Dunavaţ-Kanal, schon zappelte ein Fischlein daran.« Vor der Trockenlegung war Dunavaţu de Sus ein blühendes, buntes Wasserparadies. Heute weht hier, im wilden Osten Rumäniens, ständig ein wenig Staub durch die trockene Luft.

»Hier müssen die Leute viel trinken«, sagt Stelian Ivanov, »die Bepflanzung des Gartens hat sechs Bier pro Quadratmeter gekostet.« Währungseinheiten in Rumänien waren seit je variabel. So war der rumänische Leu zwischenzeitlich auch einmal zur Kent-Zigarette frei konvertierbar. Kein Wunder, dass sich Bier als Zweitwährung für die wenigen im Dorf verbliebenen Bauarbeiter in Dunavaţu de Sus zunehmender Beliebtheit erfreut. Nur drei Tage hat es in diesem Jahr geregnet und nun ist schon August. Da ist die Kehle schnell trocken. Selbst das kleine, verschlossene Kirchlein des Ortes ist von einer feinen Schicht aus Sand und Staub überzogen.

Das also hat der Bürgermeister, haben Mihai und Lili in Murighiol, mit Steppe gemeint. Rumäniens staubtrockener wilder Osten, unbewohnbar, öde und leer.

Stelian Ivanov führt mich zu einem verwilderten Ehrenmal, das die Kosaken eines längst vergessenen Krieges ehrt (1775–1828). Es steht nur ein paar Schritte von seinem Haus entfernt. Die Gedenkstätte und einige Weintrauben der Sorte Teresia Otonel, die dank einiger geschickt gelegter Drainagen in seinem Vorgarten gedeihen, sind für Stelian die beiden einzigen Gründe, bis zu seinem Tod in diesem gottverlassenen Ort zu bleiben.

Eigentlich wäre die Geschichte hier nun zu Ende, bräche hier ab wie die asphaltierte Straße in Murighiol. Angehende Geisterstädte wie Dunavaţu de Sus haben eine unerschütterliche Stringenz, die einen zur Umkehr mahnt. Was soll da noch kommen?

Doch der Kosake Stelian Ivanov zeigt mit dem Finger ostwärts. »Fahr ein bisschen weiter auf der Staubstrecke und du wirst eine dicke Überraschung erleben. Die Menschen in Murighiol verschweigen das gerne. Man macht einen Fehler, wenn man hier bereits umkehrt. Trocken wie alte Kosakenknochen ist die Erde hier mittlerweile. Doch vergiss nicht, es gibt immer einige feuchte Ausgänge ins Glück.«

Ich werde mich also noch einmal auf den Weg machen. Glücklicherweise hatte Stelian mit »feuchte Ausgänge ins Glück« nicht die übliche Variante, den altbekannten Pflaumenschnaps, gemeint, sondern einen russischen Dichter zitiert. Zugänge zum Wasser schienen auch in der russischen Steppe, der Heimat seiner Vorfahren, überaus kostbar gewesen zu sein.

Wer hat nicht alles im Laufe der letzten Jahrhunderte im dichten Dickicht des Schilfdeltas Zuflucht oder seinen feuchten Ausgang ins Glück gesucht. Von Landnot getriebene Siedler aus Bessarabien, die russischen Altgläubigen, die sich um 1650 einer Glaubensreform des Patriarchen entzogen und sich fortan Lippowaner nannten. Dann die Kosaken, die Türken, die Tataren, die Chacholi, eine ukrainische Minderheit, die heute auch noch in Dunavaţ de Jos leben, einem winzigen Flecken Erde, der mich als nächstes erwartet.

Weitere zehn Kilometer sandige Serpentinen, staubige »Steppe«, ich würde mich nicht wundern, wenn mir hier im wilden Osten einige, vom Wind getriebene rollende Büsche entgegen kämen. Doch die Menschen in Dunavaţu de Jos haben Glück. Sie leben am Wasser. Hier ist es grün, hier gibt es hübsche kleine Pensionen, die als »Geheimtipp« gelten können. Ein kleines Paradies, auch dank der Renaturierungsarbeit engagierter Umweltgruppen, wie ich bald erfahren soll.

»In Dunavaţu de Jos ist man glücklich, hier singt man wieder chacholische Lieder«, sagt mir Ionuţ Nikita, der direkt am Wasser geboren ist, hinten, wo die Straße dann endgültig abbricht und wo tatsächlich nur noch Schilf wächst. Obwohl Ionuţ im Winter 2001 von einem Delta-Wildschwein, einem *mistreţ*, der Oberschenkel der Länge nach aufgeschlitzt wurde und er stark blutend acht Stunden bei minus fünfundzwanzig Grad im Eis des Deltas lag, weil der Fahrer des Ambulanzwagens aus Murighiol die Straße nach Dunavaţu de Jos nicht befahren wollte, sieht Ionuţ keinen Grund zur Klage. »Ich freue mich über jeden Touristen, der den Weg hierher findet, sich nicht von der schlechten Straße und den Reden der Menschen in Murighiol einschüchtern und abschrecken lässt.«

Auch Rodica und Dan haben sich nicht abschrecken lassen. Sie kommen eigentlich aus Bukarest, haben sich hier ihren Traum einer hübschen kleinen Deltapension erfüllt. »Damals«, vor zwei Jahren, haben sie ihr Land gekauft, als der Quadratmeter noch für zwei Euro zu haben war. Heute beträgt der Preis vierzig bis hundert Euro, je nach Lage, und er wird noch weiter steigen. Denn es ist wunderschön hier. Nur eine Asphaltstraße gibt es nicht und wird es noch lange nicht geben.

Am frühen Abend, beim Grillfeuer im Garten der Pension Puiu, tragen die Teenager Christina und Ioanela Babelcu Gedichte in ihrer chacholischen Muttersprache vor.

Als dann die Nacht hereinbricht, kommt bei Gesprächen die ganze Wahrheit ans Licht. Der Bürgermeister von Murighiol hat die EU-Fördergelder für die Entwicklung des Deltas bereits angewiesen bekommen. Die Straße nach Dunavaţ de Jos ist längst bewilligt. Doch in Murighiol hat man kein Interesse am Ausbau der Straße. »Die Labyrinthe der Hosentaschen in Rumänien sind weit verzweigter als die Labyrinthe des Deltas«, sagt Ionuţ Nikita.

Das Dorf der offenen Ohren

Unterricht bei den schnellsten Blechbläsern der Welt

Die Sonne steht bereits tief über der Hügellandschaft der Moldau. Ein älterer Mann schiebt einen hellblauen, mit Broten gefüllten Kinderwagen über eine staubige Straße. Lange grüne Stiefel sind über die Latten eines Gartenzauns gestülpt, dahinter hört man die Geräusche klappernder Eimer und brennenden Reisigs. Vom Ziehbrunnen holt sich eine Frau das Wasser für den Abendtee. Eine Schar kleiner Kinder kommt um die Ecke gerannt, treibt mit einem Stock einen rollenden Autoreifen vor sich her. Ein ferner Trompetenklang liegt in der Luft. Feierabend in Zece Prajine. Feierabend im wahrsten Sinne des Wortes. Zwei Pferdefuhrwerke traben wie wild an den Eisenbahnschienen entlang, liefern sich ein Wettrennen, die Fahrer haben es eilig. In Zece Prajine hat man andere Leidenschaften als die Feldarbeit.

Ein junger, schlanker Mann sitzt neben den Gleisen des Bahndamms und spielt Trompete. Nein, er spielt nicht nur, er zelebriert die Musik. Kurze, schnelle Improvisationsstücke mit geschlossenen Augen, dann setzt er sein Instrument ab, ahmt mit dem Mund eine herannahende Lokomotive nach, deren Töne nahtlos in eine weitere Improvisation übergehen. Aus seiner nur mit den

Lippen geformten Mundtrompete hört man Posaunen heraus, ein wenig Saxofon, dann ahmt er die tiefe Stimme seines Vaters nach, der eben zum Essen gerufen hat. »Ja, ja, ich komme«, schreit er vom Bahndamm hinunter. Im Hof des elterlichen Häuschens, das direkt an den Gleisen gebaut wurde, steigt die schlanke Rauchfahne eines offenen Feuers in den abendlichen Himmel. Der Duft von gegrilltem Truthahnfleisch und gefüllten Paprika steigt den Passanten in die Nase.

Dragoş will Musiker werden, was sonst? Sein Vater Ciprian ist Musiker und sein Opa Ioan war Musiker. Er kann sich nichts anderes vorstellen, kann sich an kaum etwas anderes erinnern und hat auch nichts anderes im Kopf als Musik. Dragoş hat die Klänge des Saxofons und der Trompete bereits im Mutterleib ständig im Ohr gehabt, so sagt es jedenfalls seine Mutter Gina. Vater Ciprian Ivancea habe bereits frühzeitig darauf bestanden, den prallen Bauch zur Beschallung freizugeben. Er wollte schon von Anfang an in die Ausbildung seines Sohnes investieren und habe deshalb einige Trompetenstücke für Ginas Bauchnabel komponiert. Ciprian, Cornel, Ion, Maricel und all die anderen der Bläsergruppe, die sich heute Fanfare lui Crâciun nennen, hätten sich damals vor ihrem wundervoll prallen Bauch aufgestellt und mit einem eigens eingeübten Stück den neuen Musiker in spe an seine zukünftige Passion herangeführt.

Woher Ciprian denn wusste, dass es ein Sohn und keine Tochter werden würde? Er wusste es eben, sagt Gina, die Männer und Frauen in Zece Prajine hätten viele wunderbare Eigenschaften. Einige von ihnen könnten sogar die Zukunft vorhersehen. Durch die Bauchnabel-Sinfonien sei Dragoş jedenfalls sehr frühzeitig mit der bekanntesten Dorfdroge, der Fanfare-Musik, in Berührung gekommen.

Am Tag darauf treffe ich den Onkel von Dragoş in einer winzigen Kneipe, die gleich am Anfang der einzigen Dorfstraße zu finden ist. Ein unglaublicher Zufall. Der Klarinettist und Saxofonist Oprică Ivancea ist eigentlich ständig auf Achse. Er ist Mitglied der berühmten Gruppe Fanfare Ciocărlia, die ihre schnellen Brass-Beats mittlerweile sowohl in New York als auch in Tokio, London oder Berlin zum Besten gibt. Fanfare Ciocărlia gilt heute als das schnellste Bläserensemble der Welt, hat eine Fangemeinde, die von Kalifornien bis nach Japan reicht, und bestreitet aus diesem Grund alljährlich einen wahren Auftritts-Marathon.

Oprică, der sich ein Appartement in der nahen Stadt Roman gekauft hat und nun zu einem Familienbesuch in sein Heimatdorf gekommen ist, lacht, als ich ihm die Geschichte mit den Bauchnabel-Sinfonien erzähle. »Du darfst nicht alles glauben, was man dir hier im Dorf erzählt. Die sind alle unglaublich kreativ, auch was das Erfinden von lustigen Geschichten angeht, wissen eben manchmal nicht so recht, wohin mit ihrer Fantasie. Übertreiben immer ein wenig.« Die Fanfare lui Crâciun habe es jedenfalls in der jetzigen Formation noch gar nicht gegeben, als Dragoş im Bauch von Gina unterwegs war. »Aber keine Ahnung, muss meinen Bruder Ciprian mal fragen, ob die Geschichte nicht doch einen Funken Wahrheit enthält. Klingt eigentlich viel zu gut, um nur ausgedacht zu sein.«

Nach einigen Gläsern Bier erzählt Opricǎ mir seine Version der berühmten Geschichte, die das Leben der Menschen in seinem Dorf total verändert hat. Gina habe zwar recht, einige im Dorf hätten das zweite Gesicht und könnten aus der Hand lesen und in die Zukunft sehen, aber das, was vor vielen Jahren geschehen sei, habe eben niemand vorhergesagt und wahrscheinlich auch niemand vorhersagen können. So wunderbar sei das gewesen. Im Herbst 1996 sei plötzlich ein blonder, schlacksiger Toningenieur aus Deutschland im Dorf aufgetaucht. Vom Himmel gefallen sagten die einen, vom Zug abgesprungen die anderen.

Der blonde Engel hieß Henry, doch da den Bewohnern des Dorfes Zece Prajine die Kombination der Konsonanten n und r nicht vertraut ist, würden ihn auch heute alle nur »Heri« oder »Hering« nennen. (Auch im Rumänischen kennt man einen Speisefisch namens Hering.)

Henry Ernst habe sich zu Ioan Ivancea unter die Weinranken gesetzt, sagen die einen, unter den Zwetschkenbaum die anderen. Jedenfalls habe er ein Bier getrunken und völlig entzückt den Klängen der zerbeulten Blechinstrumente gelauscht. Was er dort zu hören bekommen habe, sei eine Turboblaskapelle, eine Hochgeschwindigkeitsmusik vom Allerfeinsten gewesen. So etwas habe ein westliches Ohr zu jener Zeit nicht alle Tage zu hören bekommen. Eigentlich könne niemand still sitzen bleiben bei dieser Musik, doch Henry sei ganz ruhig geblieben und habe dann vorgeschlagen, doch einmal in Deutschland zu spielen. Er organisiere das. Alle Musiker dachten in diesem Augenblick nur, der ist völlig verrückt geworden. Man habe Henry aus Ostdeutschland dann während der nächsten Tage noch nett bewirtet. Dass dieser Verrückte tatsächlich noch einmal im Dorf auftauchen würde, konnte ja niemand ahnen.

Oprică erzählt mir im Folgenden die Etappen einer unglaublichen Erfolgsgeschichte. Mittlerweile füllen die ehemaligen Hochzeitsmusiker aus der rumänischen Dreihundert-Seelen-Gemeinde die größten Konzerthallen rund um den Globus. Vom ersten Geld, das sie nach einer Tournee eingenommen hatten, bauten sie im Dorf eine Kirche.

Ich habe die älteren Herren selbst einige Male auf westlichen Bühnen erleben dürfen. Der ehemalige Gründer der Fanfare-Band, der inzwischen verstorbene Großvater von Dragoş, Ioan Ivancea, war damals bereits über sechzig Jahre alt. Er betrat die Bühne bedächtigen Schrittes, ausgestattet mit einem verwaschenen Herrenhut und einer Trauermiene. Zuerst glaubte man nicht, dass diese in normaler Alltagskleidung auf der Bühne erscheinenden älteren Herren jemanden an diesem Abend überhaupt begeistern könnten. Bereits zwei Minuten später tobte der Saal.

Aberwitzige, auf- und abbrausende Trompeten- und Saxofonhornissen, in einem Höllentempo dargebotene Bläsersatzkaskaden, Tuben, die einem das Zwerchfell massierten. So etwas hatte die westliche Welt vorher in der Tat noch nicht gehört. Der Regisseur Fatih Akin soll geweint haben in jener Nacht, lud das rumänische Ensemble ein, in seinem Film »Gegen die Wand« aufzuspielen, anschließend regnete es internationale Preise und Auszeichnungen.

Diese rumänische Fanfare-Musik bewirkt Wunder. Büromenschen vergessen von einem Moment auf den anderen ihren Bandscheibenvorfall, kreisen wie wild mit den Hüften, hüpfen und springen, sind anschließend schweißgebadet. Die Menge stampft. Die Musik dröhnt, scheppert und kracht, um dann urplötzlich in weichen Musikballaden dahinzuperlen. Doch selbst in den ruhigen Passagen kann niemand die Füße stillhalten.

Auch als ich an jenem Abend durch das Dorf Zece Prajine gehe, sind wieder treibende Paukenschläge und Trompetensoli aus einigen Häusern zu hören. Doch eine tobende, kreischende Menge gibt es hier nicht. Nur die alte Maria Lazăr sitzt in ihrer geblümten Schürze allein auf einer Bank und wippt ein wenig mit dem Fuß im Takt. Es ist wie jeden Abend Zeit zum Üben im Dorf. *Repetiţii* nennt man das hier.

Eines Tages, sagt mir Ciprian Ivancea, möchte er gerne eine kleine Pension eröffnen. Bis es so weit ist, wird einfach weiter musiziert, gegessen, getrunken, geliebt und erzählt. Draußen entflammt der Himmel in unfassbaren Farben. Ein Zug rauscht vorbei. Gina versorgt ihre Katzen mit Milch und dann die Musiker mit Würsten, Maisbrei und Bier. Einige neugierige Truthähne wackeln durch die Tür in den kahlen Übungsraum herein, laufen zwischen den Beinen der Musiker umher.

Kurz zuvor hatte mir Ciprian erzählt, in seinem Dorf seien sogar die Tiere musikalisch. »Immer wieder versuchen die Viecher sich als Gruppenmitglieder zu bewerben«, sagt er. »Geht nach draußen in den Garten, dort könnt ihr in Ruhe kollern. Hier drin hört euch eh niemand.« Das ist allerdings wahr. Ohne Ohrenschutz legen die acht Musiker los wie die Feuerwehr. Den Begriff Lärmbelästigung kennt man in Zece Prajine nicht. Kurz darauf beginnt im Nachbarhaus auch das Gutman Ensemble mit seiner Übungseinheit. Weiter unten im Dorf stimmen drei weitere Gruppen namens Şucar, Şavale und Chatra ihre Instrumente.

Dragoş übt derweil in seinem Zimmer auf der Trompete und auf dem Altsaxofon, das ich ihm mitgebracht habe. Noten kann niemand lesen im Dorf. Die Stücke hat man eben im Ohr und bekommt sie auch nicht wieder raus. Dragoş kennt sie alle auswendig, kann sie auf Wunsch auch mit dem Mund wiedergeben. Ähnlich wie der amerikanische Musiker Raul Midón presst er die Lippen zusammen und ahmt die Instrumente nach, die sein Vater sich früher nicht leisten konnte. Dragoş redet wenig, wozu auch? Er ahnt nicht, dass das Wort *fanfare* sich vom arabischen Wort farfar ableitet, was so viel wie »geschwätzig« bedeutet. Dafür weiß Dragoş, dass die Tradition der Fanfare noch aus der osmanischen Zeit stammt, als die Kriegsherren ihre Triumphe in Transsilvanien und der Moldau mit Marschmusik auf Blechblasinstrumenten verkündeten. Seine Vorfahren haben die in der Sonne blitzenden Tuben, Trompeten, Klarinetten und Posaunen bereits früh in ihr Herz geschlossen.

Seine Zunge rast durch den Mund, ahmt mühelos eine Tabla nach, ohne dass er je eine gehört hätte, ein rasantes Dagadé-dagadé-dagadé-dinng. Woher kann er das? Er weiß es nicht, zuckt die Achseln. Klanglich im Erbgut verankerte Erinnerungen ans ferne Rajasthan, schwirrt es mir durch den Kopf. Die einzige Erklärung. Dann nimmt er mich an der Hand, hat draußen etwas gehört, was mir völlig entgangen ist. Nimmt mich mit hinauf auf den Bahndamm, von dem aus nun das Orchester der Hunde zu hören ist. Irgendwie kommt mir das Gejaule bekannt vor, erinnert an die eben gehörten Musikstücke, oder bilde ich mir das nur ein?

Das Haus aus vergessenen Worten

Zeitreise in die siebenbürgisch-sächsische Gemeinde Kerz

Die Sachsen oder, wie sie von den Rumänen genannt werden, Saşi, sind bereits im 12. Jahrhundert dem Hilferuf des ungarischen Königs Geysa II. gefolgt, der sich ständigen Angriffen der Mongolen und Tataren ausgesetzt sah. Sie siedelten sich, mit etlichen Privilegien ausgestattet, zuerst im Hermannstädter Raum, in Siebenbürgen, an. Im Gegenzug zu freiem Handel und Zollfreiheit, die sie als autonome Bürger genossen, verpflichteten sie sich dem König gegenüber zum Kriegsdienst und jährlichem Tribut. Ihre Sprache, die sie aus dem moselfränkisch-luxemburgischen Raum mitgebracht hatten, hat sich in über achthundert Jahren nur wenig verändert. Man kann sie heute in Siebenbürgen noch hören.

Unweit der plötzlich aus der Ebene aufragenden Bergkette der Fogarascher Karpaten brennt die Sonne unbarmherzig auf den frisch glänzenden siebenbürgischen Asphalt. An der Ampelanlage einer Baustelle vor Avrig, die den Verkehr zum einspurigen Wagnis macht, haben sich Bettler eingefunden, die sich in der Bruthitze von morgens bis abends im übertriebenen Hinken üben und Autoabgase schlucken. Eine wild hupende

Autokolonne kriecht ungeduldig einem archaisch wirkenden Pferdegespann hinterher. Die Tiere kommen trotz der deftigen Flüche des Heukutschers nur mühsam voran. Ein ungeduldiger Lastwagenfahrer kommt ihnen auf dieser einen Spur entgegen. Er muss das Rot auf der anderen Seite der Straßenenge einfach ignoriert haben. Keiner der beiden kann mehr ausweichen. Totale Blockade. Beide Parteien schimpfen sich heiser. Clash of civilizations. Der Bauer spannt das Pferd los, steht danach weinend im sonnenverbrannten Gras. Hier gilt das Recht des Stärkeren. Heuwagen und Radfahrer werden von Autofahrern im modernen Rumänien als Ungeziefer angesehen, das nicht auf die Straße gehört.

Ich bin auf dem Weg ins siebenbürgische Kerz. Rumänien im Hitzefieber. In Bukarest zeigte das Thermometer gestern unglaubliche fünfzig Grad Celsius. Auf den glutheißen Straßen liegen die Temperaturen sicherlich um einiges höher und die Nerven blank. Das Gehirn setzt oft einfach aus. Wie beim Verkehrspolizisten Alexander, den der Schlag mitten auf einer belebten Kreuzung niederstreckte.

»Alexander fiel genau in dem Moment tot um, als er auf der Strecke von Avrig nach Făgăraş mit seinem rechten Arm nach oben, zum Himmel, zeigte.« Die Nachbarn und Freunde, die von der Feldarbeit sofort in den weinberankten Innenhof geeilt waren, wo Alexander in seinem strahlend weißen Hemd auf der Totenbahre lag, hatten sich schnell auf diese Version geeinigt. Gott hatte es so gewollt. Der Polizist wurde Opfer eines brütend heißen Sommertags im Jahr 2007. »Die neue Asphaltierung ist schuld«, flüsterten einige der Besucher. Der Schlag muss ihn sofort getroffen haben. Doch nun lag er endlich im Schatten, auf der Totenbahre, in der von Weinreben umsäumten Einfahrt seines Hauses in Cârta.

Nachbarn und Freunde standen dicht an dicht im Innenhof. Kurz vor der Liturgie lernte ich Otto, den siebenbürgisch-sächsischen Mundartdichter kennen, der auf der anderen Seite der Straße in einem Haus wohnt, das an ein gerupftes Huhn erinnert und der sich wie ich für die Gebräuche und Rituale der siebenbürgischen Feste interessiert.

»De dun hei siewn Nes drun, siewn Äppel un siewn Colatschn. Dann nach eng Handdoch fir die Witwe«, murmelte Otto in seinem sächsischen Uralt-Dialekt kopfschüttelnd vor sich hin. Am Kopfende des Aufgebahrten hatte man einen kleinen symbolischen Baum gepflanzt, unter dem ein reich besticktes Handtuch lag. Sieben kleine Brote, sieben Nüsse, sieben Äpfel und sieben weiße Schleifen waren im Baum zu finden, was sowohl Otto als auch mich erstaunte. Die Zahl Sieben ist, wie alle anderen ungeraden Zahlen, traditionellerweise den Lebendigen vorbehalten. So schenkt man einer Frau in Rumänien sieben Rosen, weil die fehlende Rose durch die Frau selbst symbolisiert wird. Otto erklärte sich diese Alexander-Abweichung damit, dass es in jedem Dorf andere Sitten und Gebräuche gebe, die teilweise stark voneinander abwichen. Doch dies hier war ja sein Dorf. Er schüttelte wieder den Kopf.

Nachdem Alexander in der Erde lag, versammelte sich die ganze Gemeinde zum sogenannten »Tränenbrot«. Wie ich erfuhr, gab es zum Tränenbrot, das man im Westen eher unter dem Begriff Leichenschmaus kennt, früher Zopfkuchen, geräucherte Dörrpflaumen und Milchreis. Otto, der Dichter, erklärte mir während des Essens, dass nach sieben Jahren die Knochenwaschung stattfinde, eine rituelle Waschung der Gebeine mit ätherischen Ölen. Dann würden alle wieder herzlich zum Mal geladen.

Anschließend lud mich Otto in sein kleines Häuschen ein. Auf der Straße begegnete uns eine *baba*, eine Alte, die den Zipfel ihres Kopftuchs so gebunden hatte, dass er die Zahnlücken in ihrem Mund geschickt verdeckte.

Der Gang durch das Haus von Otto kommt einer Zeitreise gleich. Es ist ein Haus aus vergessenen Worten. Otto interessiert sich für die Lehmbauweise und so ist auch der Boden seines Hauses aus gestampftem Lehm. Die Gewichte einer alten Pendeluhr dienen als Verspannhilfen für diverse Seile und Drähte, die das Häuslein geschickt durchziehen und an genau den richtigen Stellen zusammenhalten, damit es nicht auseinanderfällt. Die gestürzten Ziegel über dem kleinen Fensterchen wirken fast wie ein kleines Gewölbe und in der Tat verteilen sie die Last geschickt zur Seite hin.

Ein Erdbeben hat dem Haus arg zugesetzt,

zudem haben sich Wind und Wetter tüchtig daran abgearbeitet. In der Hauswand gibt es eine Kostbarkeit, von der kein Dieb etwas ahnt. Handgegossene Fensterscheiben mit darin eingeschlossenen Luftblasen.

Der Boden aus gestampftem Lehm verleiht dem Haus im Sommer genug Kühlung. Ein kleiner Ziegenofen steht dort, der wegen seiner Füße so genannt wird, eine Almerei, ein in die Wand eingelassenes Gerät zum Schnapsverstecken. »Die Scheune hat sich schon hingesetzt …«, sagt Otto »… und wartet nun darauf, dass sich das Häuschen auch hinsetzt.« Doch Otto tut alles dagegen. Neben Seilen und Drähten halten Eisenbänder und Eisenstangen die Reste geschickt zusammen. Wie ein Flickenteppich, wie zufällig zusammengestückelt wirkt es. Ein riesiges Patchwork aus Bruchsandstein.

Rund um das Haus werden die Landschaft und die Menschen mit ihren Dingen darin für den Betrachter zu einem riesigen Freilichtmuseum oder, wie es auch so schön heißt, zu einem Freiluftmuseum. Ein Bauer zieht mit einem Dreschflegel über der Schulter aufs Feld. Eine Frau in selbst gewebtem Kleid und Kopftuch bedient einen Ziehbrunnen. Es öffnet sich eine sprachliche Schatzkiste. Auch rumänische Handwerker benutzen hier Deutsch klingende Begriffe. Die *bomfaier* (Bogenpfeile), den *picamer* (Pickhammer), die *bormaşin*.

Meine Augen schweifen über die Dinge, die es zu sehen gibt, beobachten die Tätigkeiten, der

Verstand windet sich die entsprechenden, oft längst vergessenen Begriffe dazu aus dem Hirn. Dreschen, flegeln, seihen, anrüsten, … mein Gott, was ist anrüsten? Alles vergessen, irgendwann, in der Kindheit vielleicht, einmal vom Großvater gehört.

»Gehst du aber hin zu den alten Dingen, den Worten«, so sagt es der siebenbürgische Dichter Oswald Kessler, »so tauchst du auch in die Menschen, in die vergessene Arbeit dieser Menschen ein.« Otto kennt seinen Dichterkollegen Oswald Kessler ziemlich gut, sagt er, auch wenn dieser in Deutschland wohnt.

Otto rollt das R und auch die Vokale scheinen sich in seinem sächsischen Mund besonders wohlzufühlen. Für Hörer aus dem luxemburgisch-moselfränkischen Raum klingen diese Laute seltsam vertraut. Wie die ältere, zerknitterte Fassung ihrer eigenen Mundart.

»Die Worte wuchern und häuten sich hier, eine wortreiche Landschaft ist dieses Siebenbürgen«, sagt Otto. »In mehreren Wellen haben sich die Sprachschichten über diese Hügel gelegt, schälen sich mancherorts ab. Bringen wunderliche Sprachperlen zum Vorschein.« Otto zitiert noch einmal den siebenbürgischen Mundartdichter Oswald Kessler. »Schreech fällt det Morjelächt af den oolde Birrebum, hainderm Dirrchen …« Schräg fällt das Morgenlicht auf den alten Birnbaum, hinter dem Türchen. Kurz glaube ich, dass Otto und Oswald Brüder sein könnten, auf alten Bildern sieht Otto seinem Dichterkollegen Oswald ziemlich ähnlich. Otto schüttelt wieder mit dem Kopf. »Die mich und Oswald näher kennen, wissen um die Wahrheit. Aber die Welt braucht diese Wahrheit nicht zu erfahren.«